Andreas Herteux

Erste Grundlagen des Verhaltenskapitalis-mus

Eine Bestandsaufnahme einer neuen Spielart des Kapitalismus

© 2019/2020 Andreas Herteux

11. Auflage

Herausgeber: Erich von Werner Gesellschaft

Verlag: Erich von Werner Verlag

ISBN 978-3-9819006-5-1 (Print)
ISBN 978-3-948621-18-6 (Ebook)

Inhalt

Vorwort zur 11. Auflage

Ein Vorwort für eine neue Auflage eines Buches schreiben zu dürfen, bedeutet immer auch, dass das vorliegende Werk einen gewissen Erfolg aufzuweisen hatte. Dass diese Monografie das Potential haben wird, eine Diskussionsgrundlage zu schaffen, war dabei nicht überraschend. Erstaunlich ist dagegen, dass die gedruckte Ausgabe einen solchen Absatz fand und stetig neue Auflagen von Nöten machte. Ungewöhnlich vor allem deswegen, weil die Inhalte der 1. Auflage von Anfang an als kostenloser Download, wenngleich auch nur in einschlägigen wissenschaftlichen Netzwerken oder Fachzeitschriften, zur Verfügung gestellt wurden. Von dieser Möglichkeit machten, soweit das aus der Ferne betrachtet werden kann, für die verschiedenen Sprachversionen, bislang eine große Anzahl Interessierter Gebrauch. Eine beeindruckende Menge, die aber zeigt, dass neue Sichtweisen oder Erklärungen zumindest gesucht werden. Qualitativ verifizieren lässt sich das, anhand der reinen Masse, aber nicht.

Dies macht auch Hoffnung darauf, dass die inhaltliche Auseinandersetzung in der Fachwelt und den nationalen sowie internationalen Medien weiter vorangetrieben wird.

Was hat sich aber im Laufe der verschiedenen Auflagen verändert? Schlicht die ganze Welt, die nun im Moment unter einer Pandemie leidet, welche gravierende Verschiebungen mit sich bringt. Ein Brandbeschleuniger, der nicht wenige der in diesem Buch beschriebene Mechanismen vorantreiben wird. Vieles, was in der vorliegenden Monografie aufgegriffen wurde, profitiert massiv von einem „Lockdown", der letztendlich die Macht des Verhaltenskapitalismus festigen muss. War mancher Satz daher vielleicht noch im September 2019, zum Zeitpunkt des Erscheinens der 1. Auflage, für den Leser fern des eigenen Lebens, ist er es nun womöglich nicht mehr. Eine erstaunliche Entwicklung.

Inhaltlich wurden für die 11. Auflage einige Aspekte abgerundet bzw. einzelne Kapitel aktualisiert und ergänzt. Hinzugefügt wurde ein Abschnitt über den Wertekapitalismus, der dazu beitragen könnte, die Macht des Verhaltenskapitalismus zu demokratisieren sowie ein Glossar.

In der Summe haben die letzten Monate gezeigt, wie schnell sich das Leben verändern kann. Diese Monografie beschreibt einen solchen Wandel, der zudem ursächlich mit der kommenden Entwicklung nach der Pandemie zusammenhängt. Sie ist damit aktueller denn je zuvor.

Andreas Herteux, Mai 2020

Einleitung

Die Welt wandelt sich in rasender Geschwindigkeit. An keinem Punkt ist dieses deutlicher zu erkennen, als am technologischen Fortschritt, der das gesellschaftliche, politische, wirtschaftliche und individuelle Leben gravierend umgestaltet und oft grundlegend verändert hat. Doch diese Entwicklung ist weitaus mehr als nur eine kleine Erweiterung des bisherigen Seins. Es ändert dieses vielmehr fundamental und trotzdem scheint es für diesen Prozess und dessen kommerzielle Nutzung noch keine ausreichende Beschreibung zu geben. Sind es lediglich einige Internetkonzerne, die ganz neue Angebote haben? Oder ist alles in einem größeren Rahmen zu deuten? Wohin führt es? Was geschieht mit den Daten und wie werden sie benutzt? Wie wird mit unserem Verhalten Profit generiert? Wird hier unter Umständen auch manipuliert? Kritische Fragen gibt es daher durchaus, aber sie bleiben Stückwerk.

In der Summe scheint zwar ein Gespür dafür entstanden zu sein, dass es um weitaus mehr geht, als um neue Geschäftsmodelle und doch fehlte bislang eine Form der Artikulation, eine beschreibende Struktur, die klar benennt, dass nicht mehr von dem Geschäftsgebaren einzelner Unternehmen die Rede sein kann, sondern wir bereits von einer neuen Spielart des Kapitalismus reden müssen: Dem Verhaltenskapitalismus. Dieser Kapitalismus erhob sich mit atemberaubender Geschwindigkeit empor und ist aus dem Leben vieler Menschen nicht mehr wegzudenken, da er eng mit der technologischen Entwicklung verknüpft ist. Er bietet Chancen, aber auch Risiken, da seine Macht, im Gegensatz zum ebenso im Schatten aufgestiegenen Finanzkapitalismus, bis in die Intimsphäre des Einzelnen reicht und sich immer weiter festsetzt. Aus diesem Grund ist es von zentraler Bedeutung ihn aus dem Ungefähren und Nebulösen ins Licht zu holen, klar zu benennen und zu diskutieren. Bislang war das, bis auf einzelnes Stückwerk, nicht möglich.

Das Modell des Verhaltenskapitalismus versucht diese Lücke zu füllen und schafft damit erstmals eine Ordnung, die eine neue Spielart des Kapitalismus greifbar und verständlich macht. Zugleich entsteht so eine Argumentationsbasis, die dazu geeignet ist, die Kreise der Experten und Gelehrten zu verlassen und sie allgemein sowie verständlich zu verbreiten, denn die Diskussion über den Verhaltenskapitalismus ist keine, die lediglich innerhalb kleiner Zirkel, bestimmter Milieus oder im Feuilleton geführt werden darf, sondern muss vielmehr ein zentrales Thema der breiten Öffentlichkeit werden.

Mit diesem Vorhaben stehen wir heute noch ganz am Anfang. Beginnen wir aber nicht, wird der Verhaltenskapitalismus, analog dem Finanzkapitalismus, im Schatten wirken und vielleicht ein Potential entfalten, dass mehr zu Macht und Herrschaft genutzt werden kann, denn zum Wohle des Menschen. Im Lichte und mit der Hilfe öffentlicher Beobachtung erscheint es leichter, den reißenden Fluss in die richtigen Bahnen zu lenken, statt kindlich-naiv darauf zu hoffen, dass dieses schon von alleine geschehen wird. Doch wir stehen mit diesem Gedanken noch an der imaginären Startlinie.

Daher umfasst diese Schrift primär die bisherigen Veröffentlichungen zum Thema des Verhaltenskapitalismus. Diese werden demnach so abgedruckt, wie sie veröffentlicht wurden. Redundanz ist daher gegeben, schafft aber zweifellos auch Erinnerungswerte.

Aus diesen Veröffentlichungen heraus sind erste Diskussionen und Fragen entstanden, die in einem separaten Teil behandelt werden.

Es handelt sich daher um eine Dokumentation einer frühen Phase, die als gedrucktes Nachschlagewerk dienen kann, aber keinesfalls von sich behauptet, den Forschungsgegenstand abschließend und final darzustellen.

Weiterhin ist anzumerken, dass der Verhaltenskapitalismus ein zentrales Thema des 21. Jahrhundert sein wird, dennoch aber lediglich ein Teilstück bleibt. Ein wichtiges zwar, welches aber für ein stimmiges Bild von Gegenwart und Zukunft nicht von Elementen wie dem Milieukampf, der Reizgesellschaft, dem Zeitenwandel und dem kollektiven Individualismus getrennt werden kann. Nur eine Gesamtbetrachtung stellt den Schlüssel für ein globales Verständnis und damit zu einer umfassenden Lösung dar. Der Verhaltenskapitalismus ist daher ein wichtiges Erklärungsmuster, aber eines, dass der Einordnung in ein größeres Gefüge bedarf, das allerdings nicht Teil dieser Schrift sein wird.

Dieses im Gedächtnis zu behalten, mag, aufgrund der Bisanz und der inhaltlichen Dominanz der einzelnen Teilbereiche schwierig sein, da jedes für sich das Thema eines ganzen Forscherlebens sein könnte, ist aber unbedingt von Nöten, da es sonst zu einseitigen Fehlurteilen kommen kann. Diese gilt es durch besagte Gesamtschau zu vermeiden.

Andreas Herteux

Grundlagen des Verhaltenskapitalismus

- Menschliches Verhalten ist ein nutzbarer Rohstoff.

- Dieser Rohstoff entwickelte sich durch den technologischen Fortschritt zu einem Produktionsfaktor.

- Besagter Produktionsfaktor hat zu neuen Geschäftsmodellen geführt, die inzwischen einen massiven Einfluss auf das wirtschaftliche, politische und gesellschaftliche Leben ausüben.

- Daher ist von einer neuen Spielart des Kapitalismus zu sprechen: dem Verhaltenskapitalismus.

- Diese neue Form des Kapitalismus wird noch nicht als eine solche begriffen, was

**die Gefahr mit sich bringt, dass sie Macht-
und Marktverhältnisse schafft, die sich
später kaum oder nur sehr schwer
korrigieren lassen.**

Die Welt erlebt einen Zeitenwandel sowie eine Ära der
Veränderung. Diese erfolgt dynamisch und schnell –
und an welcher Stelle ist dies deutlicher zu erkennen
als am technologischen Fortschritt, der kraftvoll und
mit einem unglaublichen Tempo das persönliche sowie das gemeinschaftliche Leben verändert und beinahe kein Feld, sei es Politik, Gesellschaft oder Wirtschaft, unberührt lässt. Im Rahmen dieses Prozesses
haben sich Einflussverhältnisse verschoben und neue
begründet. Das alles geschah aber beinahe unmerklich,
fast schleichend im Schatten stehend und doch am
Ende so gut wie alles tangierend. Technologie bedeutet mehr denn je Macht und dieser spezielle Einfluss
durch die smarte Welt findet sich heute in der westlichen Hemisphäre bei einigen wenigen Unternehmen
erstaunlich gebündelt. Diese haben aber naturgemäß

wenig Interesse daran, die Risiken ihrer Tätigkeit allzu öffentlich darzulegen, da sie primär in ihrem Tun Chancen sehen und nicht die Gefahren.[1] Wer will es ihnen verdenken? Doch wie viele verstehen wirklich ihre Geschäftsmodelle? Kamen sie nicht scheinbar aus dem Nichts, diese milliardenschweren, heute nicht mehr wegzudenkenden Unternehmen?

Dieser neue Einfluss der großen Technologiekonzerne, die oft erst wenige Jahre existieren, verblüfft und erstaunt ebenso wie die Entwicklung, dass deren Produkte mit rasender Geschwindigkeit ein unverzichtbarer Teil des Alltags vieler Menschen sowie der Gesellschaft werden konnten. Eine lautlose Eroberung und doch handelt es sich um weitaus mehr als nur um geschickte Geschäftsmodelle, die sich problemlos in das Bestehende einfügen lassen. Diese

---

[1] Es sei an dieser Stelle daran erinnert, dass der technologische Fortschritt ein wesentliches Element des Zeitenwandels darstellt. Dieser benötigt aber natürlich immer auch entsprechende Rahmenbedingungen und Wechselwirkungen.

Unternehmen sind lediglich Spieler auf einem Spielfeld, das ihre Existenz und ihr Wachstum erst ermöglicht hat. Und zwar handelt es sich dabei um eines, das bislang noch zu oft unterschätzt und nicht erkannt wird: das des Verhaltenskapitalismus.

Mit diesem Begriff – das Kind selbst wurde vom Autor dieser Zeilen erzeugt und getauft – erhält das Gefühl für die Verschiebung von Machtverhältnissen einen ordnenden, fundierten Rahmen und wird begreiflich. Die Akkumulation von Macht kann sich nicht mehr hinter den Mechanismen des Neuen verstecken, sondern tritt klar erkennbar ins Licht. Eine Notwendigkeit, denn ein schrankenloser und ungezügelter Verhaltenskapitalismus ist noch gefährlicher als ein wütender Finanzkapitalismus, denn er benötigt nicht nur Kapital, sondern den Menschen als Ganzes zur Aberntung. Immer und jederzeit. Er braucht die menschliche Individualisierung und lässt sich von ihr vielleicht irgendwann nicht mehr unterscheiden.[2]

Ja, das Phänomen war fühlbar. Nun findet es seine Analyse und Ordnung. Der Verhaltenskapitalismus muss daher identifiziert und gedeutet werden, um den Umgang mit ihm selbstbewusst und positiv gestalten zu können. Das wilde Pferd benötigt Dressur, sonst wird es am Ende durchgehen.

Vereinzelt, und das sei angemerkt, gibt es bereits weitere Versuche, der neuen Zeit eine verbalisierte Form zu verleihen, wobei insbesondere Shoshana Zuboffs Konzept des Überwachungskapitalismus zu nennen

---

[2] Ein gewagter Satz, welcher der gängigen Definition von Individualisierung als Übergang von der Fremd- zur Selbstbestimmung zu widersprechen scheint und dies in Teilen auch tut. Dass er aber seine Berechtigung hat, werden dieses und die nächsten Kapitel zeigen: Der Individualismus ist ein kollektiver und die Entfaltung erfolgt letztendlich innerhalb eines unsichtbaren Rahmens. Das kann Selbstentfaltung und Selbstbestimmung bedeuten, wird es in vielen Fällen aber nicht.

ist,[3] allerdings greift dieses, und man verzeihe mir dieses Worte, zu kurz, um die entsprechenden globalen Veränderungen ausreichend darzulegen und konzentriert sich zudem stark auf etwaig negativen Aspekte einer rasenden Entwicklung, die sowohl Segen als auch Fluch – die Wahrheit liegt in der Regel in der Mitte – sein kann.

Das Modell des Verhaltenskapitalismus verfolgt daher einen anderen, einen neutralen, Ansatz und hat mit dem Überwachungskapitalismus wenig mehr gemein als das, dass sich beide demselben Phänomen annähern möchten. Trotzdem sei eine Beschäftigung mit dieser Aufbereitung empfohlen. Da diese Seiten allerdings nur dazu dienen sollen, den Verhaltenskapitalismus knapp darzustellen, kann eine tiefere Auseinandersetzung mit anderen Konzepten nur separat

---

[3] Zuboff, Shoshana (2018). Das Zeitalter des Überwachungskapitalismus. Berlin: Campus Verlag. ISBN 9783593509303.

stattfinden. Beginnen wir daher mit dem eigentlichen Thema und sogleich mit einer Definition.

> Unter Verhaltenskapitalismus versteht man eine Spielart des Kapitalismus, in der menschliches Verhalten zum zentralen Faktor für die Produktion und Bereitstellung von Gütern und Dienstleistungen wird.

Der Schlüssel zum Verständnis dieser neuen Form des Kapitalismus ist die Betrachtung von menschlichem Verhalten als nutzbaren Rohstoff. Aus diesem lassen sich, soweit er in ausreichendem Maße gewonnen werden kann, einerseits die Bedürfnisse der Menschen, aber auch Prognosen zum künftigen Agieren ableiten. Auf Basis dieses Rohstoffes können daher Produkte und Dienstleistungen erzeugt werden, die den Bedürfnissen bzw. dem künftigen Verhalten entsprechen. Zudem ist es möglich, bereits die Daten an sich auf dem Markt zu handeln. Wie aber wird Verhalten definiert?

Unter Verhalten versteht man sowohl Handeln, Dulden als auch Nichthandeln. Die Vorgänge können bewusst oder unbewusst sein. Es wird durch Reize beeinflusst und erzeugt.

Das alles mag höchst abstrakt klingen, doch bei genauerer Betrachtung erweist sich, dass das Verhalten schon oft als Rohstoff genutzt wurde, wenngleich auch nicht immer so betrachtet. Dabei wollen wir gar nicht auf den Ablasshandel im Mittelalter verweisen, hingegen auf die Versicherungsbranche. Diese ist ein Musterbeispiel dafür, wie das Verhalten des Kunden, oft in der Person des Vertreters, erforscht, anschließend durch die Unternehmung ausgewertet und am Ende zur Verbesserung der bisherigen Produkte, also der Versicherung sowie der Schaffung neuer Leistungen benutzt wird. Nur so waren kreative Entwicklungen wie z. B. eine Absicherung des eigenen Sterbens denkbar. Da es sich hier um immaterielle, also nicht greifbare Güter handelt, ist das Verhalten der Interessenten und Kunden von herausragender Bedeutung.

Es war im Grunde genommen, zumindest in diesen Bereichen, schon immer ein Produktionsfaktor und mit genau diesem Gedanken wird es nun möglich, sich dieser neuen Form der Kapitalismus anzunähern. Denn die Erkenntnis, dass Bedürfnisse und Verhalten potenzieller Kunden eine wichtige Komponente sind, um Produkte und Dienstleistungen wirkungsvoll anbieten und veräußern zu können, ist weder originell noch bedarf es hierfür tieferer Ausführungen.

Nun aber haben sich die Bedingungen geändert, denn die technologische Entwicklung hat zu neuen Geschäftsmodellen geführt, die einen solchen Einfluss gewonnen haben, dass sie die Frage aufwerfen, ob aus ihnen nicht längst eine eigenständige Form des Kapitalismus entstanden ist: nämlich der Verhaltenskapitalismus. Damit wären wir bei der zentralen These dieses Schriftstück angelangt. Und diese lautet, dass durch neue Möglichkeiten der Verhaltensabschöpfung der Rohstoff zu einem Produktionsfaktor und damit eine eigene Spielart des Kapitalismus begründet wurde.

> **Der zentrale Produktionsfaktor des Verhaltenskapitalismus ist menschliches Verhalten.**

Nicht, dass man[4] nicht schon immer möglichst viel wissen wollte, aber erst mit besagter technologischer Entwicklung löste sich das Problem der schwierigen Gewinnung von Verhaltensdaten innerhalb kürzester Zeit in Luft auf. Daher wundert es kaum, mit welcher Geschwindigkeit große Technologiekonzerne, wie z. B. Amazon, Facebook oder Google, entstanden und begannen, Daten zu sammeln, Verhalten nach kapitalistischen Methoden zu nutzen und den Menschen Stück für Stück einzubetten. Algorithmen und Automation machten das möglich, wozu Menschen gar nicht fähig gewesen wären.[5]

---

[4] Das „man" ist hier ein Stellvertreter für Interessensvertreter beispielsweise aus Wirtschaft und Politik.

[5] Nicht einmal der – um bei dem gewählten Beispiel zu bleiben – fähigste Versicherungsvertreter, der noch so intime Kontakte zu seinen Kunden unterhält, wäre jemals dazu in der Lage gewesen.

So entstanden die großen Verhaltenskapitalisten. Nun analysieren sie den Homo stimulus und versuchen, auf Basis seines Verhaltens Informationen bzw. Daten zu generieren oder Produkte und Dienstleistungen anzubieten bzw. zu vermitteln – völlig auf das Individuum zugeschnitten. Der Rohstoff „Verhalten" wurde zum Produktionsfaktor.

Dieser neue Produktionsfaktor ist mittlerweile dermaßen wichtig, dass er auch für den klassischen und den Finanzkapitalismus unverzichtbar geworden ist. Denn durch die Kenntnis des gegenwärtigen Verhaltens, das aus Unmengen von gewonnenen Daten zusammengesetzt wird, ist es in vielen Fällen möglich, künftiges Verhalten abzuschätzen oder zu beeinflussen.

> **Das Verhalten ist heute auch ein zentraler Produktionsfaktor für den klassischen und den Finanzkapitalismus und ergänzt Arbeit, Boden sowie Kapital.**

Dieses Verhalten wird anschließend direkt als Handelsware genutzt oder aber in einem Produktionsprozess zu Befriedigungs- und/oder Prognoseprodukten weiterverarbeitet.

> Ein **Befriedigungsprodukt** zielt darauf ab, menschliche Bedürfnisse zu befriedigen.
>
> Ein **Prognoseprodukt** sagt künftiges menschliches Verhalten voraus.
>
> **Verhaltensdaten** können auch ohne Weiterverarbeitung gehandelt werden.

Diese Aufgabe übernehmen normalerweise Algorithmen und verstärkt auch die künstliche Intelligenz. Vereinfachend fassen wir diesen dezentralen Prozess in der anschaulichen Metapher der Verhaltensfabrik zusammen.

> **Die Lagerung von Verhalten sowie die Verarbeitung zu Befriedigungs- und Prognoseprodukten finden in der Verhaltensfabrik statt.**

Soweit zu den grundsätzlichen Definitionen und zur Entwicklungsgeschichte. Im Folgenden soll die Funktionsweise bzw. der Wertschöpfungsprozess des Verhaltenskapitalismus näher beleuchtet werden.

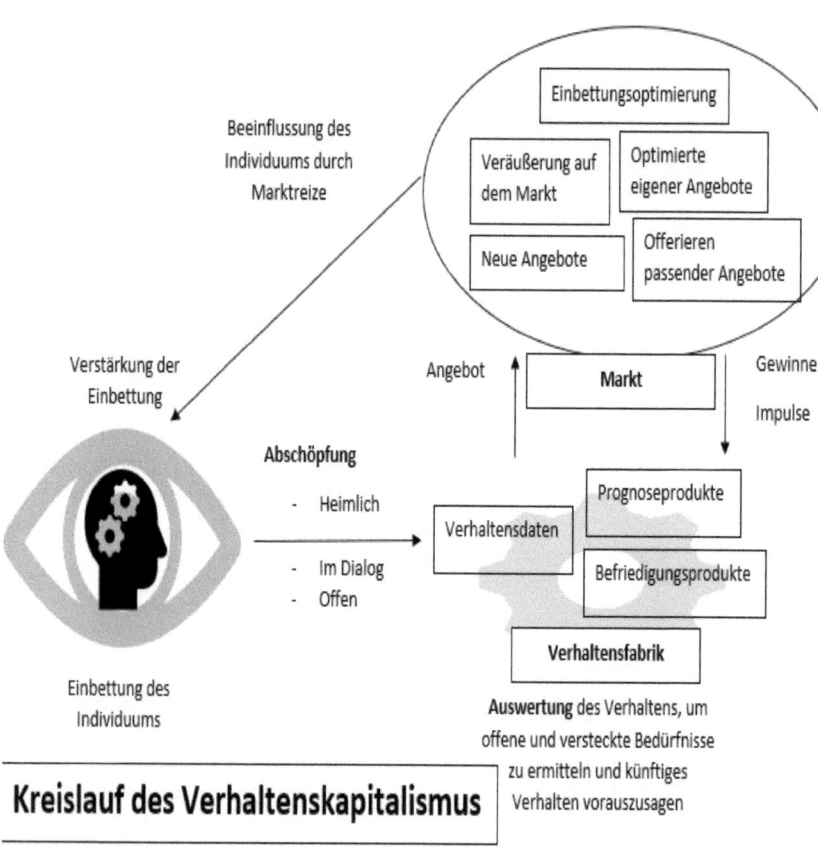

Kreislauf des Verhaltenskapitalismus

Der Kreislauf des Verhaltenskapitalismus

Abschöpfung von Verhaltensdaten

Der Verhaltenskapitalismus basiert auf dem Rohstoff und Produktionsfaktor Verhalten, der durch Reaktion des Individuums auf Reize entsteht. Diesen muss er erst durch Abschöpfung gewinnen. Derartige Versuche existierten schon immer, allerdings ermöglichte erst der durch den Zeitenwandel getriebene technologische Fortschritt das automatisierte Abernten in großen Mengen. Der Abschöpfungsprozess kennt drei Varianten:

- **Offene Abschöpfung**

  In diesem Fall ist dem Individuum bewusst, dass seine Daten genutzt werden, um bestimmte entsprechende Prognose- und Befriedigungsprodukte zu erstellen.

Ein typisches Beispiel wäre hier die Eingabe in einer Suchmaschine durch einen Nutzer. Dessen persönliches Verhalten bzw. Interesse wird offen genutzt, um ihm das gewünschte Ergebnis zu präsentieren. In nur einer Minute erfolgten beispielsweise 2017 weltweit:

- 3,8 Millionen Google-Suchanfragen

- 47.000 Instagram-Foto-Uploads

- 4,1 Millionen YouTube-Klicks

- 530.000 Snapchat-Shares

- 456.000 Tweets auf Twitter

Diese Zahlen belegen eindrucksvoll, dass die Übertragung von Verhaltensdaten in vielen Fällen freiwillig stattfindet, weil dadurch ein Mehrwert für den Nutzer entsteht.[6]

---

[6] Im Zuge der COVID-19-Pandemie ab 2020 dürften diese Zahlen – noch liegen sie nicht vor – explodiert sein. Gleiches gilt für den Einfluss der großen Verhaltenskapitalisten. Corona

- **Dialogische Abschöpfung**

  Bei der dialogischen Abschöpfung gehen Individuum und eine Maschine (Algorithmus, KI) einen Dialogprozess ein, der zur Bedürfnisfindung, aber auch zur Abschätzung künftigen Verhaltens dient. Dabei reagieren beide Seiten auf gesetzte Reize und es ist nun möglich, auch Bedürfnisse offenzulegen, die dem User unter Umständen gar nicht bewusst waren. Die Interaktion kann dabei offen sein oder auch versteckt. Wichtig ist nur, dass der Prozess über eine Aktion hinausreicht.

- **Versteckte Abschöpfung**

  Bei der verdeckten Abschöpfung wird das Verhalten, ohne Wissen des Nutzers, abgeerntet und weiterverarbeitet bzw. weiterveräußert.

---

wird hier ein Dynamisierungsfaktor sein, der die wirtschaftliche Kraft weiter in die entsprechende Richtung verschiebt.

Ein Beispiel wäre es, wenn Profildaten eines Individuums in einem sozialen Netzwerk genutzt werden, um kommerzielle Produkte und Dienstleistungen zu entwickeln, um diese für Verhaltensmanipulation- oder Steuerung einzusetzen. Als Musterfall wäre hier die Nutzung der 87 Millionen Facebook-User-Daten von Cambridge Analytica für den Wahlkampf von Donald Trump im Jahr 2017 zu nennen.

Die Grenzen zwischen den einzelnen Varianten erweisen sich als fließend. Beispielsweise wird ein Großteil der Nutzer einer Suchmaschine mittlerweile bereits erahnen, dass zu den Ergebnissen u. a. Produktanzeigen aus demselben Themenspektrum erscheinen werden. Genauso dürfte es Nutzern von sozialen Medien bewusst sein, dass ihre Daten zur Einbettung genutzt werden. Eine starre Trennung der Abschöpfungsarten ergibt daher wenig Sinn.

Umwandlung in der Verhaltensfabrik

Die gewonnenen Datenmengen werden nun in der Verhaltensfabrik – eine Metapher, um einen komplizierten und dezentralen Verarbeitungsprozess plastischer darzustellen – gelagert und in Teilen zu Produkten verarbeitet. Dabei werden sowohl Prognose- als auch Befriedigungsprodukte hergestellt.

- Prognoseprodukte dienen dazu, das künftige Verhalten eines Individuums abzuschätzen. Ein typisches Beispiel wäre ein Nutzer eines sozialen Netzwerkes, der sich für Wandern interessiert, entsprechende Fotos darbietet und die Teilnahme an entsprechenden Veranstaltungen dokumentiert. Der Algorithmus kann diese Daten nun auslesen, sie durch andere Angaben wie Alter, Wohnort, Markenneigungen, Stil usw. ergänzen. Gepaart mit der Auslesung des Browserverlaufes, der auch dann stattfinden kann, wenn man gar nicht mehr in dem entsprechenden Netzwerk angemeldet ist, entsteht ein Prognoseprodukt, dessen Ergebnis es beispielsweise sein könnte, dass genau dieser User mit hoher Wahrscheinlichkeit erneut im Sommer zu entsprechenden Touren aufbrechen wird. Es würde daher Sinn ergeben, ihn kurz zuvor mit passenden Dienstleistungen (z. B. Reiseangebote) oder Produkten (z. B. Wanderschuhe) virtuell zu konfrontieren. Das Prognoseprodukt öffnet für eine gezielte Ansprache damit die Tür.

- Befriedigungsprodukte zielen hingegen konkret auf die Befriedigung von erkannten Bedürfnissen ab – nicht in der Zukunft, sondern zeitnah in der Gegenwart. Interessant dabei ist, dass ein Befriedigungsprodukt sich sowohl auf einen Bedarf beziehen kann, der dem Nutzer bewusst ist, als auch auf einen, den er noch nicht reflektiert hat, welcher sich aber aus der

Analyse des Verhaltens ergibt. Damit haben insbesondere Befriedigungsprodukte, aber auch Prognoseprodukte zudem die Funktion der Offenlegung der inneren Bedürfnisse des Individuums und können damit ein wichtiges Element der Selbstverwirklichung sein.

Handeln auf dem Markt

Sowohl Prognose- und Befriedigungsprodukte als auch das Verhalten selbst können durch den Datensammler selbst genutzt oder veräußert werden. Hier entstehen massive Gewinne, die in der Regel wiederum reinvestiert werden – nicht unbedingt nur in das bisherige Geschäftsmodell, sondern auch in andere Felder, die zur Vernetzung einladen. Für den Markt ergeben sich daher folgende Möglichkeiten:

- **Offerieren passender Angebote**

  Die Daten werden dazu genutzt, dem Individuum passende Angebote anzubieten. Diese können aus eigenen Diensten und Produkten bestehen, kombiniert werden diese aber in der Regel mit der Werbung für Dritte. Hier ist heute noch der Kern des Geschäftsmodells zu sehen.

Insgesamt geht man davon aus, dass mittlerweile 25 % der weltweiten Werbeumsätze durch Facebook und Google, zwei der Musterbeispiele für angewandten Verhaltenskapitalismus, generiert werden. 2016 waren es noch 20 %. Tendenz steigend.

- **Neue Angebote**

Das Verhalten macht es notwendig, völlig neue Produkte zu konzipieren, um die daraus erkannten Bedürfnisse zu befriedigen. Die Idee, aus der Marktbeobachtung notwendige Innovationen und Weiterentwicklungen abzuleiten, ist so alt wie das Wirtschaften selbst. Doch dank der neuen

Abschöpfungsmöglichkeiten eines zuvor schwer förderbaren Rohstoffes hat diese eine völlig neue Dimension erreicht.

- **Optimierung der eigenen Angebote**

  Die eigenen Angebote werden durch Verhaltensprodukte sowie entsprechendes Feedback verbessert und angepasst. Dieses gilt sowohl für die Sammler der Daten als auch für deren Kunden. Insbesondere die lernende Maschine ist auf diese Reaktionen angewiesen, um sich stetig in ihren Funktionen zu verbessen.

- **Veräußerung auf dem Markt**

  Die Datenmengen werden Dritten roh oder bereits als verarbeitende Produkte zur eigenen Geschäftstätigkeit zur Verfügung gestellt.

- **Einbettungsoptimierung**

  Der kollektive Individualismus kennt die Einbettung des Menschen in die Schaffung einer individuellen Realität. Dazu trägt der Verhaltenskapitalismus durch einen stetigen Kreislauf der Verhaltensabschöpfung bei.

Reizung des Individuums zur Reaktion

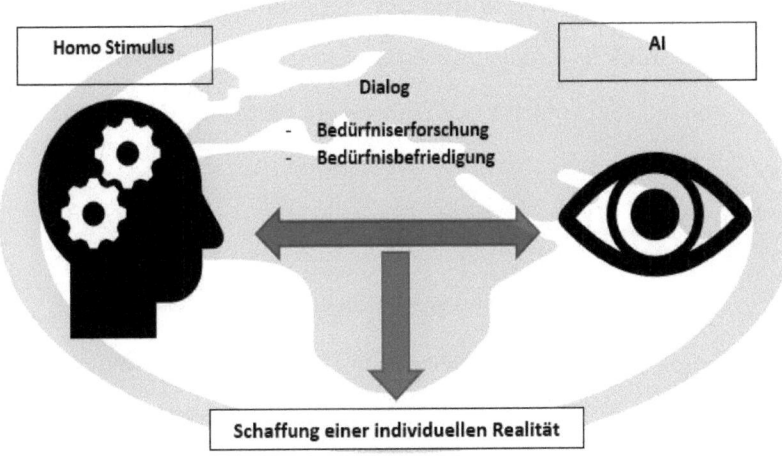

Prozess der Einbettung

Homo Stimulus

AI

Dialog

- Bedürfniserforschung
- Bedürfnisbefriedigung

Schaffung einer individuellen Realität

Im Idealfall reagiert das Individuum auf die angebotenen Reize und schafft so neues Verhalten, das sich wiederum abschöpfen lässt. Es entsteht ein Kreislauf der Einbettung, der am Ende in der Schaffung einer individuellen Wirklichkeit münden kann.

In einem vollständigen kollektiven Individualismus, der natürlich eine stetige technische Weiterentwicklung voraussetzt, würde der Abgeschöpfte nun Stück für Stück in einer individualisierten Realität versinken, die letztlich nur für den Nutzer existiert und durch den Verhaltenskapitalismus bereitgestellt wird.

Durch den vorhandenen Rollenkonflikt zwischen Milieurolle sowie Individualisierung und aufgrund vorhandener Milieukämpfe ist dieser kollektive Individualismus aber noch unvollständig.[7] Das bedeutet allerdings nicht, dass diese individualisierten Realitäten nicht doch existieren können. Im Gegenteil: Sie sind

---

[7] Beide Punkte wurden bereits angedeutet und werden noch vertieft werden.

heute bereits Wirklichkeit.[8] In vielen Fällen stellen sie allerdings noch eine Parallelwelt dar.

Doch bleiben wir bei der ökonomischen Sicht, denn während dieses Prozesses akkumulieren sich der Rohstoff Verhalten sowie das Investitionskapital, was die Möglichkeiten der Verhaltensfabrik und des Abschöpfens immer weiter verbessert. Es entsteht ein Kreislauf. Das Spiel, getrieben durch die Maschine, beginnt stetig von vorne. Der Mensch versinkt und wird eingebettet.

Bestandsaufnahme und Ausblick

Beim Verhaltenskapitalismus handelt es sich also um eine Spielart des Kapitalismus, die sich – analog dem Finanzkapitalismus – in ihrer Wirkung nur schwer identifizieren lässt und daher in der öffentlichen Wahrnehmung und auf der politischen Agenda nur eine untergeordnete Rolle spielt. Dies nutzt er

---

[8] Denken Sie an soziale Medien wie Facebook & Co.

geschickt, um sich weiterzuverbreiten und zu festigen, was sich im Kapitalismus häufig durch das Entstehen von Monopolen oder Oligopolen kennzeichnet. Die reale Lage der Technologiekonzerne und deren Marktmacht belegt dies eindrucksvoll.

So hat sich der Verhaltenskapitalismus inzwischen fest etabliert, ohne jedoch als solcher wahrgenommen zu werden. Modernste Technik ermöglicht dabei eine nie gekannte Einbettung, die bis in die intimsten Bereiche des Individuums vordringen kann. Hier handelt es sich um eine Entwicklung, die eine genauere Betrachtung erfordert und sich nicht weiter im Schatten abspielen darf, denn ein entfesselter Verhaltenskapitalismus wäre eine noch stärkere Kraft, als es der Finanzkapitalismus jemals war: Er wäre ein Mittel zur Herrschaft.

Die Darstellung dieser Entwicklung erfolgte bewusst neutral, da sie sowohl Chancen als auch Risiken mit sich bringt. Zudem wurde sie auf die Grundlagen beschränkt. Die Einbettung des Individuums in einer eigenen Welt, die der eigenen Bedürfniserfüllung und

Selbstverwirklichung dient, ist erst einmal nicht negativ, zumal dieses keinesfalls abgeschottet gestaltet sein muss.

Diese neutrale Sicht dieser Schrift wurde gelegentlich kritisiert, da es, besonders im politisierten Bereich, die Neigung gibt, die negativen Seiten des Verhaltenskapitalismus überzubetonen und die positiven zu ignorieren.[9] Hier sei erneut betont, dass es das Ziel dieser Grundlagen ist, darzustellen und nicht zu werten. Und ja, die Gefahren sind gewaltig. Spätestens in Zeiten von Corona, in denen sich derartige Mechanismen aber auch als hilfreich erweisen, wird klar, dass allerdings eine rein negative Betrachtungsweise keine glückliche wäre.

Auf der anderen Seite spielt es eine zentrale Rolle, wer die Reize sowie die Daten letztlich kontrolliert und ob das Verhalten oder sogar die eigene Realität

---

[9] Eine derartige normative Diskussion ist aber erwünscht und als positiv zu betrachten. Letztendlich handelt es sich um eine legitime Schlussfolgerung.

manipuliert werden. Der Autor dieser Schrift hat mit dem Wertekapitalismus (Modell der Alternativen Hegemonie – AH-Modell)[10] bereits einen umfassenden Vorschlag gemacht, die negativen Seiten des Verhaltenskapitalismus unter demokratisch legitimierte Kontrolle zu bringen. Es wäre daher möglich. Es bedürfte nur an entsprechendem Willen.[11]

Das ist allerdings ein Punkt, der separat diskutiert werden muss und soll nicht Teil dieser Monografie sein. Der Verhaltenskapitalismus ist aber nicht nur eine

---

[10]   Definition: Der   Wertekapitalismus   ist   eine Wirtschaftsordnung, in der Werte zu einem Produktionsfaktor werden.

[11] Empfohlen sei hier folgender Artikel, der das Konzept grob und allgemein verständlich darstellt. https://www.theeuropean.de/andreas-herteux/wertekapitalismus-in-zeiten-der-coronakrise/

Etwas umfangreicher, wenngleich nicht mehr auf dem aktuellen Stand und daher eingeschränkt zu empfehlen: Das Alternative Hegemonie Modell (AH-Modell): Die unsichtbare Hand der Erziehung zum Guten. Erich von Werner Verlag, 25.11.2018,   ISBN-13:   978-3981900644,   DOI 10.5281/zenodo.1894403

Folge des Zeitenwandels, sondern eine direkte Trieb-
feder des Individualismus und damit ein unverzichtbarer Baustein zum Verständnis gesellschaftlicher Entwicklungen des 21. Jahrhunderts.

Weiterführende Literatur:

- Herteux, A. (2019). **Behavioral Capitalism – A New Variety of Capitalism Gains Power and Influence. Journal of Applied Business and Economics,** https://doi.org/10.33423/jabe.v21i9.2688He rte

- Herteux, Andreas – **International Journal of Social Science and Economic Research (IJSSER):** BEHAVIOURAL CAPITALISM AND SURVEILLANCE CAPITALISM – A COMPARISON OF TWO INTERPRETATIONS OF A DEVELOPMENT OF CAPITALISM, Volume 12/2019, Page 7253-7268, published 12/2019, ISSN: 2455-8834

- Zuboff, Shoshana (2018). **Das Zeitalter des Überwachungskapitalismus.** Berlin, Campus Verlag. ISBN 9783593509303

- Herteux, Andreas, **Das Alternative Hege-monie Modell (AH-Modell): Die unsicht-bare Hand der Erziehung zum Guten,** Erich von Werner Verlag, 25.11.2018, ISBN-13: 978-3981900644, DOI 10.5281/zenodo.1894403

- Herteux, Andreas, **Grundlagen gesellschaft-licher Entwicklungen im 21. Jahrhundert: Neue Erklärungsansätze zum Verständnis eines komplexen Zeitalters,** Erich von Werner Verlag, 01.08.2020, ISBN 978-3948621162

- Herteux, Andreas – **Homo stimulus: Grund-lagen menschlicher Anpassung und Wei-terentwicklung im Zeitalter des kol-lektiven Individualismus,** Erich von Werner Verlag ISBN-13: 978-3948621124, DOI 10.5281/zenodo.3666616

Der Verhaltenskapitalismus – Rekapitulation

Interview

Andreas Herteux, der Gründer der Erich von Werner Gesellschaft über Funktionsweise und den zunehmenden Einfluss des von ihm erforschten, analysierten und identifizierten Verhaltenskapitalismus.

Herr Herteux, Sie haben eine neue Spielart des Kapitalismus beschrieben. Wie würden Sie diesen in wenigen Worten beschreiben?

Unter Verhaltenskapitalismus versteht man eine Spielart des Kapitalismus, in der menschliches Verhalten zum zentralen Faktor für die Produktion und Bereitstellung von Gütern und Dienstleistungen wird.

Klingt erst einmal sehr abstrakt.

Das stimmt und das macht es auch sehr schwierig, den Verhaltenskapitalismus überhaupt zu erkennen. Tatsächlich ist es aber gar nicht so schwer. Denken wir an einen Bäcker und seine Brötchen. Es dürfte uns allen ungefähr klar sein, welche Rohstoffe er für den Herstellungsprozess brauchen wird. Für unsere Brötchen vielleicht Mehl, Wasser, Hefe und etwas Salz. Springen wir nun von der Backstube ins Internet. Dem größten Teil von uns ist bereits personalisierte Werbung begegnet. Beispielsweise haben wir nach einem Urlaub in den Bergen gesucht und urplötzlich werden wir mit Emails, Bannerwerbung und Meldungen in den sozialen Medien zu diesem Thema konfrontiert. Diese personalisierte Werbung kann aber nur an uns gerichtet werden, wenn man zuvor unser Verhalten, in diesem Fall die Suchanfrage, ausgewertet hat. All die Dienstleistungen, Anzeigen, Freundschaftsvorschläge - all diese Brötchen wurde aus einem Teig gebacken: Unserem Verhalten, dass zuvor offen, verdeckt oder dialogisch abgeschöpft und anschließend ausgewertet, was bedeutet, dass dieser Rohstoff in einer metaphorischen Verhaltensfabrik zu Prognose- und Befriedigungsprodukten umgewandelt wurde, um für uns etwas Individuelles aus dem metaphorischen Ofen zu holen.

Wenn man es aus der Sicht betrachtet ist das Verhalten das Mehl der Internetkonzerne?

Richtig, menschliches Verhalten ist daher offensichtlich ein nutzbarer Rohstoff und dieser Rohstoff entwickelte sich durch den technologischen Fortschritt zu einem Produktionsfaktor, der zu ganz neuen Geschäftsmodellen geführt hat, die inzwischen einen massiven Einfluss auf das wirtschaftliche, politische und gesellschaftliche Leben nehmen. Es wäre fatal, hier nur von einem Geschäftsmodell zu sprechen, denn dafür ist dessen Macht viel zu groß. Es handelt

sich vielmehr um eine neue Spielart des Kapitalismus:
Verhaltenskapitalismus.

Ist das Nutzen von menschlichem Verhalten wirklich ein neues Phänomen?

Das menschliche Verhalten war natürlich immer ein wesentlicher Faktor und Rohstoff. Schon allein für die Bereiche des Vertriebs und Marketings, aber auch als Rohstoff. Denken wir hier nur an die Versicherungsbranche, die schon weit vor der Moderne "Verhalten" bei den Kunden abgeschöpft und damit neue Produkte konzipiert und alte optimiert hat. In dieser Branche war dieser Rohstoff schon immer mehr eine primäre Geschäftsgrundlage. Im Übrigen auch in der Politik oder, wenn man es historisch mag, beim Ablasshandel.

Der technische Fortschritt hat allerdings die Möglichkeit der Verhaltensabschöpfung beinahe ins Unendliche gesteigert und sie benötigen zur Auswertung auch keinen Menschen mehr, sondern, vereinfacht ausgedrückt, nur noch die lernende Maschine. Nur zwei Zahlen, um das ein wenig zu unterstreichen; alleine bei Google gab es schon 2017 ungefähr 3,8 Millionen Suchanfragen und bei Youtube 4,1 Millionen Video-Klicks. Pro Minute. Sie können sich ungefähr ausrechnen, wie viele Verhaltensdaten sich damit an einem Tag abschöpfen lassen und zum größten Teil kann sogar unmittelbar ein Produkt oder eine Dienstleistung hergestellt und angeboten werden, auch wenn es nur die Antwort zu einer Suchanfrage ist.

Von solchen Datenmengen kann mein Versicherungsvertreter nur träumen.

Die Versicherungen sind heute hier zwar auch deutlich besser aufgestellt, aber Sie sehen den Unterschied an der richtigen Stelle. Erst ein Zeitenwandel, zu dessen Elementen auch die schnelle und dynamische Weiterentwicklung der Technologie gehört und die Konditionierung des Menschen auf deren Benutzung, die man als Reizgesellschaft bezeichnen würde, wobei wir nicht in die Psychologie abdriften wollen, haben aus einem Rohstoff einen Produktionsfaktor gemacht. Daher können wir heute von einem Verhaltenskapitalismus sprechen.

Gibt es für so eine Entwicklung eine Parallele?
Ja, nach einem ähnlichen Prinzip ist der Finanzkapitalismus aus dem klassischen Kapitalismus entwachsen. Das Kapital war zwar schon immer ein volkswirtschaftlicher Produktionsfaktor, aber es wurde erst viel zu spät erkannt, dass er als eigenständiges Element zu einer neunen Spielart des Kapitalismus geführt hat. Noch heute gibt es größte Probleme dessen Mechanismen zu erkennen und richtig zu deuten. Daher kann er auch etwas unter dem Radar agieren. Hier gibt es eine Parallele zum Verhaltenskapitalismus.

Vor den Gefahren einer solchen Entwicklung warnt auch Sohsana Zuboff, die allerdings nicht den von Ihnen geprägten Begriff "Verhaltenskapitalismus" nutzt, sondern von einem Überwachungskapitalismus spricht.

Ja und ich schätze ihre akribische und kritische Arbeit sehr, allerdings haben ihr Konzept eines Überwachungskapitalismus wenig mit dem Modell des Verhaltenskapitalismus gemein. Frau Zuboff sieht ihren Überwachungskapitalismus, und das verrät schon das Wort, als etwas grundsätzlich negatives und menschgemachtes, was sich einige wenige Leute vor ein paar Jahren bei Google ausgedacht haben, um ganz bewusst Macht, Reichtum und Einfluss zu gewinnen. Für den Verhaltenskapitalismus ist die Entwicklung dagegen eine ganz logische kapitalistische Folge und steht in Kontinuität. Er ist keine Entartung, wie es bei ihr heißt, sondern die Wasser fließen einfach weiter. Konzerne wie Google entstanden aus diesem Fluss und nicht außerhalb desselbigen irgendwo am trockenen Ufer.

Trotzdem waren Sie beide vor den Gefahren?
Das ist richtig, allerdings betrachtet der Überwachungskapitalismus die Entwicklung ausschließlich negativ. Er will warnen, möchte subjektiv sein und nicht unbedingt ein Modell als Abbildung der Wirklichkeit aufzeigen. Der Verhaltenskapitalismus will genau das, wägt daher zwischen Chancen und Risiken ab und bemüht sich um eine neutrale Darstellung allgemeiner Mechanismen. Natürlich sieht er dabei ebenso die Möglichkeiten der Manipulation, aber eben auch die andere Seite.

Denken Sie nur an unser Beispiel der Suchanfragen. Sie erhalten von Google & Co. auch eine Antwort und Youtube zeigt ihnen das gewünschte Video. Auch muss personalisierter Inhalt nicht grundsätzlich schlecht sein, selbst dann nicht, wenn er verdeckt erfolgt, denn mit einer Einbettung lassen sich vielleicht sogar Bedürfnisse ermitteln, die der Mensch niemals ohne die neue Technologie entdeckt hätte. Nehmen Sie nur das Exempel des Urlaubes in den Bergen. Vielleicht arbeitet die lernende Maschine für Sie heraus, dass Bergsteigen schon immer Ihre Leidenschaft war? Wäre das dann schlecht, wenn Sie so ein inneres Bedürfnis entdecken würden?

Auf der Schattenseite steht aber natürlich auch die Möglichkeit der Manipulation. Gegen die müssen wir uns wehren, allerdings dürfen wir uns dabei nichts vormachen, so gerne wir das auch wollen. Größere Teile der Bevölkerung, also nicht wenige Milieus, werden einen Teil ihrer Freiheit mit Freuden gegen eine bedürfnisermittelnde und befriedigende Einbettung eintauschen. Vielleicht erhält manch Homo stimulus sogar erstmals die Möglichkeiten der Selbstverwicklung. Das klingt für manche Ohren erschreckend, wird aber Realität sein. Resignation wäre allerdings die falsche Reaktion. Vielmehr sollte uns die Realität Ansporn werden, allen zu verdeutlichen, dass sie nicht wählen müssen: Einbettung oder Freiheit, sondern beides haben können. Hierfür sind aber noch nicht einmal Ansätze zu erkennen. Eine sehr gefährliche Situation.

Wie sollte man den Gefahren des Verhaltenskapitalismus gegenübertreten?

Erst einmal in dem man sie erkennt und auch in den richtigen Zusammenhang einordnet. Der Verhaltenskapitalismus wird zusammen mit der Reizgesellschaft eine Ära des kollektiven Individualismus auslösen, bei dem der Individualisierungsprozess allerdings durch Milieukämpfe gehemmt wird. Grundlegende Punkte mit denen wir uns bei der Erich von Werner Gesellschaft tiefergehend beschäftigen, denn hier ist auch die Ursache für die schwierige gesellschaftliche Lage zu sehen und nicht etwa in obsoleten Erklärungsmodellen aus dem vorherigen Jahrhundert wie dem überholten Links-Rechts-Schema.

Dieses und den Umstand, dass wir vor eine Zeitenwende stehen, durch den sich die internationalen

Machtverhältnisse in den nächsten Jahrzehnten radikal verändern können, muss man realisieren und akzeptieren. Es bewegt sich etwas. Selbst, wenn man dieses erkennen würde, bräuchte es Ideen und hier sind wir aber leider sehr fantasielos geworden oder kapitulieren vor einer komplexen Welt und so vielen Zusammenhängen. Es bedarf daher einer umfassenden Lösung, die all diese Probleme lösen kann. Mit dem Modell der Alternativen Hegemonie (AH-Modell), dem Wertekapitalismus bzw. der Wertemarktwirtschaft, haben wir ein solches vorgestellt, das den Kapitalismus korrigieren und den großen Herausforderungen unserer Zeit begegnen könnte. Mit ihm können wir den Kapitalismus in eine Wertemarktwirtschaft umformen.

Veränderung zum Besseren ist daher möglich. Es bedarf nur des Mutes.

Abschließend noch eine aktuelle Frage: Wie bewerten Sie die Covid-19-Pandemie und deren

Auswirkungen auf den Einfluss des Verhaltenskapitalismus?

In der Summe ist es nicht schwer zu erkennen, dass die Corona-Pandemie und alle ihre Konsequenzen die Macht des Verhaltenskapitalismus weiter mehren werden. Dafür genügt ein Blick auf die Umsatzverschiebungen in Richtung des Internethandels während des Lockdowns.

Also ein Brandbeschleuniger?

Ja, wobei diese Machtverschiebung wirklich nur beschleunigt wurde.

Es ist also hoffnungslos?

Nein, aber an der Zeit diese Macht unter demokratische Kontrolle zu stellen.

Verhaltenskapitalismus und Überwachungskapitalismus – Ein Vergleich zweier Deutungen einer Entwicklung des Kapitalismus

- Der Verhaltenskapitalismus betrachtet die Abschöpfung und Nutzung von Verhaltensdaten als logische kapitalistische Weiterentwicklung in historischer Kontinuität und damit als zwangläufige Entwicklung.

- Der Überwachungskapitalismus trennt zwischen Verhalten, das zur Optimierung der vorhandenen Leistungen benötigt wird und den Daten, die dafür nicht benötigt werden. Er betrachtet die Nutzung von „Verhaltensüberschüssen" als eine von Menschen explizit erschaffene, nichtzwangsläufige und entartete Form des Kapitalismus, deren Ziel letztendlich die Akkumulation von Macht, Reichtum und Einfluss ist.

- Verhalten ist für den Verhaltenskapitalismus schon immer ein Rohstoff gewesen, der durch die technische Entwicklung zum Produktionsfaktor wurde.

- Beim Überwachungskapitalismus wurde der sogenannte „Verhaltensüberschuss" durch Google entdeckt und von diesem und anderen Unternehmen fortan unentgeltlich ausgebeutet.

- Der Verhaltenskapitalismus sieht sowohl die Chancen als auch die Risiken dieser Entwicklung.

- Der Überwachungskapitalismus wird dagegen ausschließlich negativ gedeutet.

- Der Verhaltenskapitalismus steht in einem Kontext, aus dem er nicht gerissen werden kann und die Kenntnis dieser Zusammenhänge ist für den Umgang mit ihm und dessen Verständnis unabdingbar.

- Der Überwachungskapitalismus ist ein isoliertes, letztendlich vor wenigen Jahren erzeugtes Konstrukt, deren Urheberschaft unter anderem bei Google zu finden ist und daher auch so bekämpft werden kann.

Einleitung

Die technologische Entwicklung hat innerhalb einer sehr kurzen Zeitperiode neue Geschäftsmodell ermöglicht, Machtverhältnisse verschoben und damit am Ende eine neue Form des Kapitalismus geschaffen. Diese Entwicklung wird vielfach kritisch gesehen, aber bislang fehlt es dieser Debatte noch an einer Struktur und an Modellen, mit denen eine gezielte und auch einfache Einordnung, als Basis für eine breite Diskussion, erfolgen kann. Dabei gibt es bereits erste Versuche, diese zu etablieren und mit zwei Deutungen dieser Evolution soll sich in der Folge beschäftigt werden.

Diese sind das Konzept des Überwachungskapitalismus und das Modell des Verhaltenskapitalismus. Unterschiedliche Ansätze, die gegenübergestellt werden sollen, um letztendlich aufzuzeigen, dass nicht von dem Etablieren neuer Geschäftsmodelle zu sprechen ist, sondern von einer neuen Form des Kapitalismus, die unserer vollen Aufmerksamkeit bedarf, da sie die Gefahr mit sich bringt, einen gravierenden Einfluss auf das soziale, gesellschaftliche, politische und wirtschaftliche Leben auszuüben, der bis in den intimsten Bereich des Individuums reicht. Diese Macht kann und darf sich nicht im Schatten verstecken, sondern muss Teil einer öffentlichen Diskussion sein, die durch eine strukturierte Darstellung dieser Entwicklung des Kapitalismus massiv erleichtert werden würde.

Die Grundzüge des Überwachungskapitalismus wurden dabei von Shoshana Zuboff in ihrem Buch „Das Zeitalter des Überwachungskapitalismus" dargelegt.[12] Besagtes Werk dient als primäre Grundlage für die Auseinandersetzung und den Vergleich zwischen

---

[12] Zuboff, Shoshana, The Age of Surveillance Capitalism: The Fight for the Future at the New Frontier of Power Profile Books; 31. 01.2019

dem Konzept des Überwachungskapitalismus und dem des Verhaltenskapitalismus. Zur Methodik sei noch anzumerken, dass sich Zitate und damit auch die Seitenzahlen auf die deutsche Version des Werkes beziehen.[13] Dieses rechtfertigt sich dadurch, dass das Buch zeitlich zuerst in deutscher Sprache erschienen ist und ergänzende Interviews oder Berichte in einer größeren Zahl vorliegen.[14] Etwaige englischsprachige Besprechungen sind allerdings in die Gesamtbetrachtungen ebenso miteingeflossen, wie die nicht-englischsprachigen.

Dem gegenüber werden eigene Forschungsergebnisse gestellt, deren Veröffentlichung allerdings noch jüngerer Natur ist und erst noch den Weg der Etablierung und der Akzeptanz gehen müssen.

---

[13] Zuboff, Shoshana, Das Zeitalter des Überwachungskapitalismus. Campus Verlag 4. Oktober 2018; 04.10.2018

[14] Dass hier kleinere Abweichungen bei der Rückübersetzung ins Englische möglich sind, wird eingeräumt.

Die Ziele dieser Schrift sind daher:

1) Zwei grundsätzliche Deutungen der Entwicklung des Kapitalismus gegenüberzustellen

2) Einen Beitrag dazu zu leisten, dieses neue Phänomen beschreibbar zu machen und ihm eine vermittelbare Struktur zu geben

3) Eine Diskussionsgrundlage für die Chancen und Risiken der kapitalistischen Entwicklung zu schaffen

Dabei sei von Anfang an darauf verwiesen, dass der Autor dieser Schrift zugleich der Verfasser der Abhandlungen über den Verhaltenskapitalismus ist.

Definitionen und Ursprung

Shosana Zuboff fasst die moderne Entwicklung im Kapitalismus unter dem Begriff „Überwachungskapitalismus" zusammen. Hierfür bietet sie eine längere Definition, die Schritt für Schritt betrachtet und der des Verhaltenskapitalismus gegenübergestellt werden soll:

> „[..] [Der Überwachungskapitalismus ist eine] Neue Marktform, die menschliche Erfahrung als kostenlosen Rohstoff für ihre versteckten kommerziellen Operationen der Extraktion, Vorhersage und des Verkaufs reklamiert."[15]

---

[15] Die Definition ist einleitend zu finden und hat daher keine gesonderte Seitenzahl.

Im Überwachungskapitalismus hat der Mensch letztendlich die Rolle eines Feldes inne, das von den Technologiekonzernen abgeerntet wird, um am Ende mit den gewonnenen Produkten Geld zu verdienen, sowie Macht und Einfluss zu gewinnen.

Parallel dazu wird darauf verwiesen, dass der Überwachungskapitalismus durch seinen Einfluss auf das gesellschaftliche, persönliche, soziale, politische und wirtschaftliche Leben als neue Marktform bezeichnet werden kann.

Dem gegenübergestellt sei die Definition des Verhaltenskapitalismus, die einige Ähnlichkeiten und noch viel mehr Unterschiede aufweist:

„Unter Verhaltenskapitalismus versteht man eine Spielart des Kapitalismus, in der menschliches Verhalten zum zentralen Faktor für die Produktion und Bereitstellung von Gütern und Dienstleistungen wird."

Die Definition des Verhaltenskapitalismus ist weiter gefasst, denn sie stellt lediglich den Rang des „Verhaltens" als Produktionsfaktor in den Mittelpunkt. Der Verhaltenskapitalismus geht allerdings ebenfalls davon aus, dass es sich um eine neue Form des Kapitalismus handelt. In diesem Punkt sind sich beide Modelle daher einig. Ein interessanter Unterschied ist aber, dass sie menschliches Verhalten in den Mittelpunkt rückt und nicht die Erfahrung. Dabei wird Verhalten folgendermaßen definiert:

> „Unter Verhalten versteht man sowohl Handeln, dulden, als auch Nichthandeln. Die
>
> Vorgänge können bewusst oder unbewusst sein. Es wird durch Reize beeinflusst und erzeugt. [..] Der zentrale Produktionsfaktor des Verhaltenskapitalismus ist menschliches Verhalten."

Ob es sich allerdings nur um eine sprachliche Unschärfe handelt, muss dabei offenbleiben, in der graphischen Übersicht („Die Entdeckung des Verhaltensüberschuss"; Seite 121) in Zuboffs Buch, ist von Erfahrung nicht mehr die Rede. Eventuell sind die Begriffe hier synonym zu verstehen.

Im Verhaltenskapitalismus wird dagegen bewusst von Verhalten gesprochen, da sich dieser an die Theorie der Reizgesellschaft anlehnt, die von einer Entwicklung zu einem Homo Stimulus ausgeht.

Ursprung des Überwachungskapitalismus

Deutlicher treten die Unterschiede hervor, wenn man die weitere Definition des Überwachungskapitalismus betrachtet. Dieser wir von Zuboff als *„eine aus der Art geschlagene Form des Kapitalismus, die sich durch eine Konzentration von Reichtum, Wissen* und Macht auszeichnet, die in der Menschheitsgeschichte beispiellos ist"[16] bezeichnet.

Der Überwachungskapitalismus ist aber nicht nur eine Anomalie, sondern wurde von wenigen Menschen Anfang in jüngster Vergangenheit bewusst geschaffen und dazu gebraucht, die eigene Macht stetig zu mehren:

> *„Der Überwachungskapitalismus beginnt mit der Entdeckung des Verhaltensüberschusses [..][17] Wir müssen uns vor allem eines vor Augen halten: Erfunden wurde der Überwachungskapitalismus von einer spezifischen Gruppe von Menschen, zu einem spezifischen Zeitpunkt, an einem spezifischen Ort. Er ergibt sich zwangsläufig weder aus der*

---

[16] Die Definition ist einleitend zu finden und hat daher keine gesonderte Seitenzahl.

[17] Seite 121

digitalen Technologie noch aus dem Informa-
tionskapitalismus. Er wurde bewusst ge-
schaffen [..][18]

„Google hatte Anfang der 2000er-Jahre im
Online-Geschäft erste Erfolge erzielt und
prognostizierte dann Klickraten für maßge-
schneiderte Anzeigen. Aber die Überwachung ist mittlerweile nicht mehr auf Online-
Werbung beschränkt. Die Produkte, die durch
die Überwachung entstehen, werden zunehmend lukrativer als traditionelle Produkte
und Dienstleistungen. Unternehmen aus allen Bereichen konkurrieren um unsere Verhaltensdaten, damit sie Vorhersagen dar-
über treffen können, was, wann und wie wir

---

[18] Zuboff, Seite 108

handeln, fühlen, wollen und kaufen wer-
den. "[19]

„Der Überwachungskapitalismus ist ein his-
torisches Phänomen, keine technologische
Zwangsläufigkeit. Er wurde um das Jahr 2001
herum erfunden, von einer Firma namens
Google. "[20]

Es ist daher nur verständlich, wenn Überwachungskapitalismus letztendlich negativ betrachtet wird, denn er
ist das

„[..] parasitäres [..] Fundament und Rahmen
einer Überwachungsökonomie [..] Der Ur-
sprung einer neuen instrumentären Macht,

---

[19] Interview mit der Süddeutschen Zeitung vom 07.11.2018;
https://www.sueddeutsche.de/digital/shoshana-zuboff-
ueberwachungskapitalismus-google-facebook-1.4198835

[20] Interview mit dem Wochenmagazin „Der Freitag" vom
02.04.2019; https://www.freitag.de/autoren/the-
guardian/tyrannei-die-sich-von-menschen-ernaehrt

die Anspruch über die Gesellschaft erhebt und die Marktdemokratie vor bestürzenden Herausforderungen stellt.[..] Zielt auf eine neue kollektive Ordnung auf der Basis totaler Gewissheit ab.[..] Eine Enteignung kritischer Menschenrechte, die am bestens als Putsch von oben zu verstehen ist — als Sturz der Volkssouveränität."[21]

Ursprung des Verhaltenskapitalismus

Der Verhaltenskapitalismus sieht die Entwicklungen im Kapitalismus, im Gegensatz zum Überwachungskapitalismus, nicht als einen menschengemachten Plan, sondern als logische und zwingende Weiterentwicklung des Kapitalismus an sich.

---

[21] Die Definition ist einleitend zu finden und hat daher keine gesonderte Seitenzahl.

Nicht Google & Co. haben ein Geschäftsmodell entwickelt, sondern der Zeitenwandel hat dem Kapitalismus eine neue Richtung eröffnet, welche von den Technologiekonzernen lediglich eingeschlagen wurde.

Daher war es auch nicht notwendig, dass irgendein Unternehmen im Hinterzimmer eine Form des Verhaltens entdeckt, sondern Verhalten war schon immer ein Rohstoff. Ein Musterbeispiel hierfür ist die Versicherungsbranche, die das Verhalten der Kunden schon lange vor dem Internetzeitalter erforschte, auswertete und nutzte, um die aktuellen Versicherungsprodukte zu optimieren und neue zu generieren. Er war im Grunde genommen, zumindest in diesen Bereichen, schon immer ein Produktionsfaktor und mit genau diesem Gedanken wird es uns möglich, sich dieser neuen Form der Kapitalismus anzunähern, denn die Erkenntnis, dass Bedürfnisse und Verhalten potentieller Kunden eine wichtige Komponente sind, um Produkte und Dienstleistungen wirkungsvoll anbieten und veräußern zu können, ist weder originell, noch bedarf es hierfür tieferer Ausführungen.

Durch neue Technologien, die Etablierung der Reizgesellschaft und die Möglichkeiten der maschinellen Abschöpfung entsprang dem reißenden Hauptstrom des Kapitalismus aber ein kleiner Nebenfluss, der sich mit der Zeit ebenfalls zum gefährlichen Gewässer entwickelte. Eine Evolution, die wir bereits beim Finanzkapitalismus erleben durften. Auch hier war das Kapital zwar von Anfang ein wichtiges Mittel, löste sich später aber, und gründete eine eigenständige Spielart des Kapitalismus. Die Frucht war zwar am Baume entstanden, aber der Samen fiel zu Boden und wuchs dort im erstaunlichen Tempo heran. Es wundert daher kaum, mit welcher Geschwindigkeit große Technologiekonzerne, wie z.B. Amazon, Facebook oder Google entstanden und begannen Daten zu sammeln, alsbald es die Möglichkeiten dazu gab. So war es nur folgerichtig, Verhalten nach kapitalistischen Methoden zu nutzen und den Menschen Stück für Stück einzubetten. Algorithmen und Automation machten das möglich, wozu Menschen gar nicht fähig gewesen wären und aus dem Rohstoff und bloßem Produktionsmittel wurde der Produktionsfaktor eines neuen Kapitalismus: Verhaltenskapitalismus.

Entwicklung der Spielarten des Kapitalismus

Klassischer Kapitalismus

Finanzkapitalismus

Verhaltenskapitalismus

Klassischer Kapitalismus

Verhaltenskapitalismus

Finanzkapitalismus

Klassischer Kapitalismus

Finanzkapitalismus

Verhaltenskapitalismus

Funktionsweise

Nach der Betrachtung von Definition und Ursprung sollen nun die Funktionsweisen beider Beschreibungen gegenübergestellt werden.

Überwachungskapitalismus

Die Funktionsweise des Überwachungskapitalismus wird dabei von Zuboff folgendermaßen erläutert:

> *„Der Überwachungskapitalismus beansprucht einseitig menschliche Erfahrung als Rohstoff zur Umwandlung in Verhaltensdaten [..]"*[22]

An dieser Stelle wird davon ausgegangen, dass der Überwachungskapitalismus, der letztendlich nur das Werkzeug weniger ist, dazu benutzt wird, um die Erfahrung ohne Gegenleistung von Menschen

---

[22] Zuboff, Seite 22

abzuschöpfen.[23] Ein ganz wesentlicher Punkt, denn in der Idee eines Überwachungskapitalismus ist das Individuum lediglich die Kuh im Stall, die konstant gemolken und am Ende, metaphorisch mit dem Verlust der Freiheit, geschlachtet wird. Einwände, wie der, dass derjenige, der eine Suchanfrage eingibt, als Gegenleistung eine Auflistung von Ergebnissen erhält oder, dass auch eine verdeckte Abschöpfung der Bedürfniserkennung dienen könnte, werden dabei nicht akzeptiert.

„Es ist schwierig, unsere tatsächliche Position in dieser Konstellation zu erfassen. Zunächst wurde uns gesagt, wie glücklich wir sein

---

[23] Ein gewissen Problem entsteht hier erneut, durch die Verwendung des unscharfen Begriffes „menschliche Erfahrung". Wird mit der Eingabe eines Begriffes in eine Suchmaschine „Erfahrung" abgeschöpft? Oder doch nur das Verhalten, also die Eingabe. Werden, wenn Daten von einem Facebook-Profil verwendet werden, um diese auszuwerten Erfahrungswerte herangezogen? Nein, letztendlich ist es nur das Eingabeverhalten beim Erstellen und Pflegen des Profils.

könnten, dass wir kostenlose Dienstleistun-
gen bekommen. Als wir dann erfahren ha-
ben, dass die Unternehmen Daten über uns
sammeln, waren wir "das Produkt". Und uns
wurde gesagt, dass das ein fairer Tausch sei.
Aber wir sind nicht das Produkt, sondern viel-
mehr die Quelle, das frei zugängliche Rohma-
terial. Das wird wiederum zu Produkten ver-
arbeitet, die den Interessen derer dienen, die
von unserem zukünftigen Verhalten profitie-
ren.“[24]

„Sie erklärten, sie hätten das Recht, sich un-
sere private Erfahrung anzueignen, sie in Da-
ten zu verwandeln, um sie als Privateigentum
zu besitzen. Google begann damit, einseitig

---

[24] Interview mit der Süddeutschen Zeitung vom 07.11.2018; https://www.sueddeutsche.de/digital/shoshana-zuboff-ueberwachungskapitalismus-google-facebook-1.4198835

zu behaupten, das World Wide Web gehöre ihm und seiner Suchmaschine. [..] Einst haben wir Google durchsucht, jetzt durchsucht Google uns. Früher glaubten wir, digitale Dienstleistungen seien frei verfügbar, heute denken Überwachungskapitalisten, wir seien frei verfügbar. "[25]

Der Überwachungskapitalismus deutet daher das Verhältnis zwischen Überwachungskapitalisten und Nutzern nicht nur als einseitig und parasitär, sondern warnt auch deutlich vor einer weiteren Verschärfung dieses Missverhältnisses:

„Diese Operationen [sind] geheim und kaum zu entschlüsseln [..] Aber auch deshalb, weil eine solche parasitäre Entwicklung die

---

[25] Interview mit dem Wochenmagazin „Der Freitag" vom 02.04.2019; https://www.freitag.de/autoren/the-guardian/tyrannei-die-sich-von-menschen-ernaehrt

Grundlage für einen lukrativen Kapitalismus des 21. Jahrhunderts geworden ist. Es gibt nun eine beispiellose Konzentration von Wissen und Macht, die frei von demokratischer Kontrolle ist und unsere individuellen Einflussmöglichkeiten übersteigt. Der Überwachungskapitalismus baut auf historisch unvorstellbaren Wissensasymmetrien auf. Überwachungskapitalisten wissen alles über uns. Wir wissen sehr wenig von dem, was sie tun oder was sie wissen. Sie nutzen ihren Wissensvorsprung, um unser Verhalten zu beeinflussen. Das ist eine völlig neue Art von Macht.[26]

---

[26] Interview mit der Süddeutschen Zeitung vom 07.11.2018; https://www.sueddeutsche.de/digital/shoshana-zuboff-ueberwachungskapitalismus-google-facebook-1.4198835

Nach der Abschöpfung erfolgt eine Teilung der gewonnenen Daten:

„Ein Teil dieser Daten dient der Verbesserung von Produkten und Diensten, den Rest erklärt man zur proprietärem Verhaltensüberschuss, aus dem man mithilfe fortgeschrittener Fabrikationsprozesse, die [..] unter der Bezeichnung „Maschinen oder künstliche Intelligenz" zusammen [gefasst werden können], *Vorhersageprodukte fertigt, die erahnen was sie jetzt, in Kürze oder irgendwann tun. Und schließlich werden diese Vorhersageprodukte auf einer neuen Art von Marktplatz für Verhaltensvorhersagen gehandelt, [..]* [der als] *Verhaltensterminkontraktmarkt* [bezeichnet wird]."[27]

---

[27] Zuboff, Seite 22

An dieser Stelle wird es etwas unscharf, da nicht immer klar unterschieden wird, ob der Überwachungskapitalismus nun nur die Nutzung des, der als „neues Produktionsmittel"[28] bezeichnet wird, beschreibt oder aber auch die der Verbesserung. Vom Wortlaut her müsste beides gemeint sein.

Die Frage, ob es nicht eine der grundlegenden Eigenschaften des kapitalistischen Wirtschaftens ist, dass aus Überschüssen an Produktionsmitteln neue Produkte, Dienstleistungen und Innovationen generiert werden, wird dagegen offengelassen. Gleiches gilt für die Überlegung, ob nicht die Ermittlung der Bedürfnisse und des Bedarfs, die letztendlich nichts anderes ist, als Marktforschung mit modernen Mittel, nicht die Geschäftsgrundlage eines jeden Unternehmens sein muss, dass nicht auf einem Verkäufermarkt, unter staatlicher Protektion oder im Oligopol bzw. Monopol agieren kann.

---

[28] Zuboff, Seite 121

Die Trennung verursacht auch gerade deswegen Probleme, weil Zubuff im Besonderen jene Daten, die nicht für die Optimierung benötigt werden, also den „Verhaltensüberschuss" besonders kritisch sieht:

> *„Es werden mehr Verhaltensdaten gerendert, als zur Verbesserung des Dienstes nötig sind. Dieser Überschuss versorgt ein neues Produktionsmittel das Vorhersagen aus dem Nutzerverhalten produziert. Diese Produkte werden an Geschäftskunden auf neuen Verhaltensterminkontraktmärten verkauft. Der Verhaltenswert-Reinvestitionszyklus ist dieser neuen Logik unterworfen.*[29]

Ist es aber nicht so, dass die genutzten Daten für Optimierung und Vorhersage nicht in großen Teilen identisch sein dürften? Und für wen entstehen die neuen Produkte? Nur für Geschäftskunden? Nicht für den

---

[29] Zuboff, Seite 121

Kunden selbst? Ist der Markt zudem nicht viel größer, als hier beschrieben? Es wirkt ein wenig wie der Versuch zwischen guten neuen Kapitalismus („Optimierung von Diensten") und schlechtem neuen Kapitalismus („Nutzung und Generierung von Verhaltensüberschüssen) unterscheiden zu wollen, doch macht diese Differenzierung wirklich Sinn?

Diese Fragen mögen irrelevant sein, wenn man lediglich einen Ausbeutungsmechanismus, der außerhalb der kapitalistischen Norm, zum Zwecke der Akkumulation von Macht, Einfluss und Reichtum von einigen wenigen, geschaffen wurde, darstellen möchte, allerdings werden sie relevant, wenn eine Gesamtstruktur eines neuen Kapitalismus gesucht wird und genau das ist das Ziel dieser Schrift: Das Unscheinbare im Schatten sichtbar und allgemein verständlich machen.

Verhaltenskapitalismus

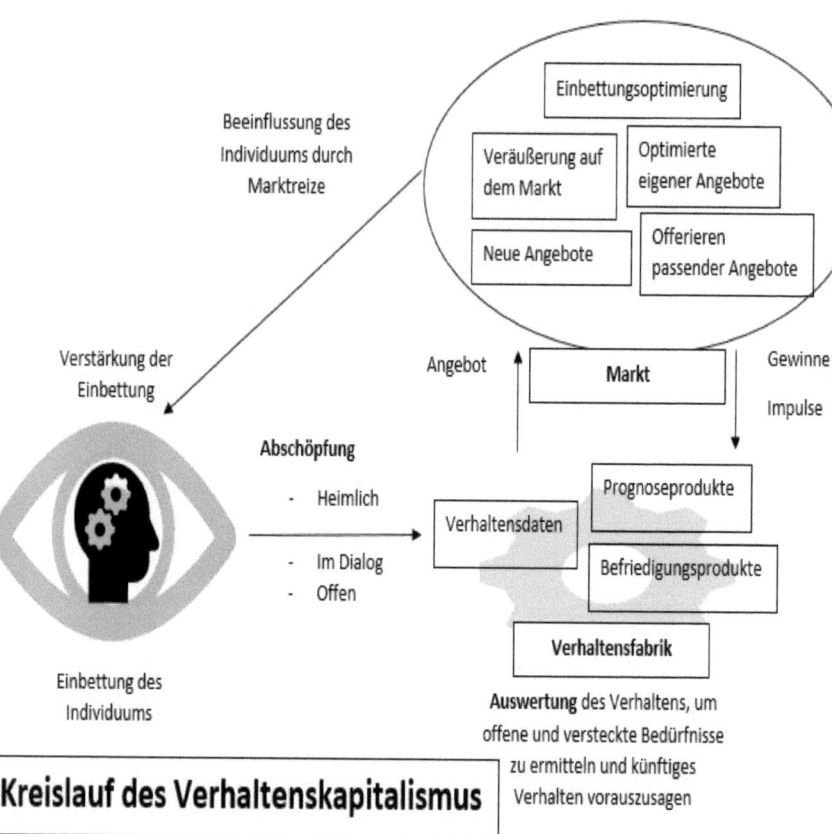

Beeinflussung des
Individuums durch
Marktreize

Einbettungsoptimierung

Veräußerung auf
dem Markt

Optimierte
eigener Angebote

Neue Angebote

Offerieren
passender Angebote

Verstärkung der
Einbettung

Angebot

Markt

Gewinne

Impulse

Abschöpfung

- Heimlich
- Im Dialog
- Offen

Verhaltensdaten

Prognoseprodukte

Befriedigungsprodukte

Einbettung des
Individuums

Verhaltensfabrik

Auswertung des Verhaltens, um
offene und versteckte Bedürfnisse
zu ermitteln und künftiges
Verhalten vorauszusagen

Kreislauf des Verhaltenskapitalismus

Abschöpfung von Verhaltensdaten

> **Das Verhalten ist heute ein zentraler Produktionsfaktor für den klassischen und den Finanzkapitalismus und ergänzt Arbeit, Boden und Kapital.**

Der Verhaltenskapitalismus basiert auf den Rohstoff und Produktionsfaktor Verhalten, der durch Reaktion des Individuums auf Reize entsteht. Diesen muss er erst durch Abschöpfung gewinnen. Derartige Versuche gab es schon immer, allerdings ermöglichte erst der durch den Zeitenwandel getriebene technologische Fortschritt das automatisierte Abernten in großen Mengen. Der Abschöpfungsprozess kennt drei Varianten, deren Übergänge fließend sein können:

- **Offene Abschöpfung**

- **Dialogische Abschöpfung**

- **Versteckte Abschöpfung**

Umwandlung in der Verhaltensfabrik

Die gewonnenen Datenmengen werden nun in der Verhaltensfabrik, eine Metapher, um einen komplizierten und dezentralen Verarbeitungsprozess plastischer darzustellen, gelagert und in Teilen zu Produkten verarbeitet. Dabei werden Prognoseprodukte, als auch Befriedigungsprodukte hergestellt.

> **Ein <u>Befriedigungsprodukt</u> zielt darauf ab, menschliche Bedürfnisse zu befriedigen.**
>
> **Ein <u>Prognoseprodukt</u> sagt künftiges menschliches Verhalten voraus.**
>
> **<u>Verhaltensdaten</u> können auch ohne Weiterverarbeitung gehandelt werden.**

Prognoseprodukte dienen dabei dazu, das künftige Verhalten eines Individuums abzuschätzen. Ein typisches Beispiel wäre ein Nutzer eines sozialen Netzwerkes, der sich für Wandern interessiert, entsprechende

Fotos darbietet und die Teilnahme an entsprechenden Veranstaltungen dokumentiert. Der Algorithmus kann diese Daten nun auslesen, sie durch andere Angaben wie Alter, Wohnort, Markenneigungen, Stil usw. ergänzen. Gepaart mit der Auslesung des Browserverlaufes, der auch dann geschehen kann, wenn man gar nicht mehr in dem entsprechenden Netzwerk angemeldet ist, entsteht ein Prognoseprodukt, dessen Ergebnis es beispielsweise sein könnte, dass genau dieser User mit hoher Wahrscheinlichkeit erneut im Sommer zu entsprechenden Touren aufbrechen wird. Es würde daher Sinn machen, ihn kurz zuvor mit passenden Dienstleistungen (z.B. Reiseangebote) oder Produkten (z.B. Wanderschuhe) virtuell zu konfrontieren. Das Prognoseprodukt öffnet für eine gezielte Ansprache damit die Tür.

Befriedigungsprodukte zielen dagegen ganz konkret auf die Befriedigung von erkannten Bedürfnissen ab. Nicht in der Zukunft, sondern zeitnah in der Gegenwart. Interessant dabei ist, dass ein

Befriedigungsprodukt sich sowohl auf einen Bedarf beziehen kann, der dem Nutzer bewusst ist, als auch einen, den er noch nicht reflektiert hat, sich aber aus der Analyse des Verhaltens ergibt. Damit haben gerade Befriedigungsprodukte, aber auch Prognoseprodukte auch die Funktion der Offenlegung der inneren Bedürfnisse des Individuums und können damit ein wichtiges Element der Selbstverwirklichung sein.

Handeln auf dem Markt

Sowohl Prognose- und Befriedigungsprodukte als auch das Verhalten selbst können durch den Datensammler selbst genutzt oder veräußert werden. Hier entstehen massive Gewinne, die in der Regel wiederum reinvestiert werden. Nicht unbedingt nur in das bisherige Geschäftsmodell, sondern auch auf in andere Felder, die zur Vernetzung einladen. Für den Markt ergeben sich daher folgende Möglichkeiten:

- **Offerieren passender Angebote**

  Die Daten werden dazu genutzt, dem Individuum passende Angebote anzubieten. Diese kann aus eigenen Diensten und Produkten bestehen, kombiniert, werden diese aber in der Regel mit der Werbung für Dritte. Hier ist heute noch das Kern des Geschäftsmodells zu sehen.

  Insgesamt geht man davon aus, dass inzwischen 25% der weltweiten Werbeumsätze durch Facebook und Google, zwei der Musterbeispiele für angewandten Verhaltenskapitalismus, generiert werden. 2016 waren es noch 20%. Tendenz steigend.

- **Neue Angebote**

  Das Verhalten macht es nötig, ganz neue Produkte zu konzipieren, um die daraus erkannten Bedürfnisse zu befriedigen. Die Idee aus der Marktbeobachtung notwendige Innovationen und Weiterentwicklungen abzuleiten ist so alt, wie das Wirtschaften selbst, aber dank der neuen Abschöpfungsmöglichkeiten eines zuvor schwer förderbaren Rohstoffes, hat es sie eine völlig neue Dimension erreicht.

- **Optimierung der eigenen Angebote**

  Die eigenen Angebote werden durch Verhaltensprodukte und entsprechendes Feedback verbessert und angepasst. Dieses gilt sowohl für die Sammler der Daten als auch für deren Kunden. Im Besondern die lernende Maschine ist auf diese Reaktionen angewiesen, um sich stetig in ihren Funktionen zu verbessen.

- **Veräußerung auf dem Markt**

  Die Datenmengen werden Dritten roh oder bereits als verarbeitende Produkte zur eigenen Geschäftstätigkeit zur Verfügung gestellt.

- **Einbettungsoptimierung**

  Der kollektive Individualismus kennt die Einbettung des Menschen die Schaffung einer individuellen Realität. Dazu trägt der Verhaltenskapitalismus durch einen stetigen Kreislauf der Verhaltensabschöpfung bei.

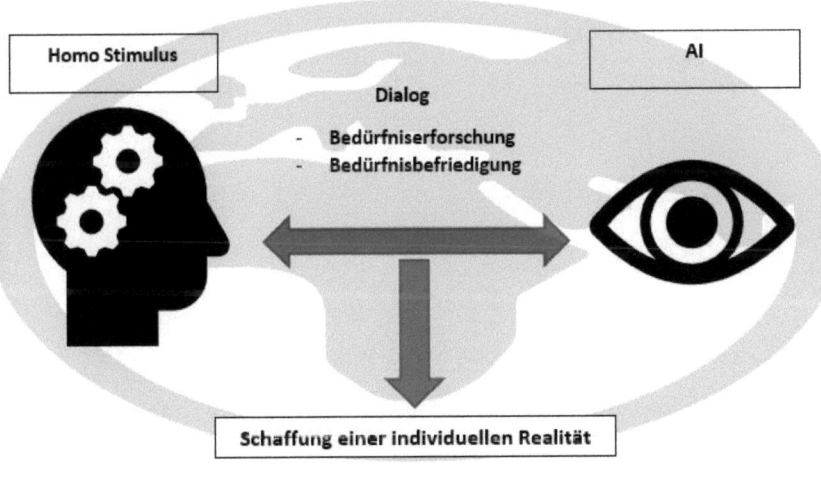

Reizung des Individuums zur Reaktion

Im Idealfall reagiert das Individuum auf die angebotenen Reize und schafft so neues Verhalten, das wiederum abgeschöpft werden kann. Es entsteht ein Kreislauf der Einbettung, der am Ende in der Schaffung einer individuellen Wirklichkeit münden kann.

In einem vollständigen kollektiven Individualismus, der natürlich eine stetige technische Weiterentwicklung voraussetzt, würde der Abgeschöpfte nun Stück für Stück in einer individualisierten Realität versinken. Durch vorhandene Milieukämpfe ist dieser aber noch unvollständig. Parallel dazu akkumulieren sich der Rohstoff Verhalten und das Investitionskapital, dass die Möglichkeiten der Verhaltensfabrik und des Abschöpfens immer weiter verbessert. Es entsteht ein Kreislauf. Das Spiel, getrieben durch die Maschine, beginnt stetig von vorne. Damit bedingt er einerseits die Einbettung des Menschen, aber zugleich auch das weitere auseinanderdriften der gesellschaftlichen Milieus.

Abwägung

Der Verhaltenskapitalismus ist eine Spielart des Kapitalismus, die analog des Finanzkapitalismus, in seiner Wirkung nur schwierig identifiziert werden kann und daher in der öffentlichen Wahrnehmung und auf der politischen Agenda nur eine untergeordnete Rolle spielt. Dieses nutzt er geschickt, um sich weiterzuverbreiten und zu festigen, was sich im Kapitalismus häufig durch das Entstehen von Monopolen oder Oligopolen kennzeichnet. Die reale Lage der Technologiekonzerne und ihre Marktmacht belegt dies eindrucksvoll.

Der Verhaltenskapitalismus hat sich daher inzwischen fest etabliert, ohne jedoch als solcher wahrgenommen zu werden. Modernste Technik ermöglicht dabei eine nie gekannte Einbettung, die bis in die intimsten Bereiche des Individuums vordringen kann. Eine Entwicklung, die eine genauere Betrachtung von Nöten macht und sich nicht weiter im Schatten abspielen darf, denn ein entfesselter Verhaltenskapitalismus wäre eine noch stärkere Kraft, als es der Finanzkapitalismus jemals war. Er wäre ein Mittel zur Herrschaft.

Die letzten beiden Absätze hätte man auf eine ähnliche, wenn nicht sogar identische Art und Weise auch über das Konzept des Überwachungskapitalismus schreiben können, allerdings sind die Unterschied unterhalb der Oberfläche unverkennbar, denn während der Überwachungskapitalismus die Entwicklung als etwas abnormales, menschengemachtes und letztendlich – einseitig - böses betrachtet, das auch nur schlechtes gebiert, ist die Darstellung des Verhaltenskapitalismus bewusst neutral, denn er erkennt, dass es sich um eine normale Entwicklung des Kapitalismus handelt und Chancen, als auch Risiken bietet. Die Herausforderungen werden durch Zuboffs Werk hervorragend und akribisch dargestellt; vielleicht so überzeugend, wie das niemals zuvor gelungen ist. Die Chancen nicht. Diese werden sogar verneint.

Dabei ist die schrittweise Einbettung des Individuums in einer eignen Welt zugleich eine Möglichkeit, nicht nur Bedürfnisse zu erfüllen, sondern zugleich diese erst zu ermitteln. Dieser Prozess lässt sich aber, anders als es Zuboff nahelegt, nicht vom kapitalistischen Prozess abtrennen. Er braucht die Innovationen und Optimierungen.

Zudem übersieht sie ein wichtiges Detail: Die Bevölkerung eines Landes ist in Milieus, die zudem immer schneller zerfallen unterteilt, die teilweise völlig unterschiedliche Ansichten, Wertvorstellungen oder Lebensentwürfe besitzen. Ein beachtlicher Teil dieser Milieus wäre jederzeit bereit, Elemente wie Demokratie oder auch nicht wahrgenommene Freiheiten gegen eine bedürfnisbefriedigende Einbettung zu tauschen.

Diese Erkenntnis mag erschrecken und doch beschreibt sie die Tatsachen. Wenn Zuboff daher von *„seid Sand im Getriebe"*[30], dem *„Unwillen der Bürger und Journalisten [..] der Wissenschaftler [..] der*

---

[30]Zuboff, Seite 593

97

gewählten Volksvertreter und politischer Entschei-
dungsträger [..] und der junge[r] Menschen [..]"[31], o-
der von einem allgemeinen Gefühl der *„Entrüs-*
tung"[32], dass sich entwickeln müsste, spricht, ist anzumerken, dass dieses nur im Interesse eines Teils der
Bevölkerung sein wird.

Das aber ist nur solange ein Problem, solange die Entwicklung als isolierte Monstrosität betrachtet wird, die
man mit Gewehr und Peitsche unter Kontrolle bekommen würde. Tatsächlich steht der Verhaltenskapitalismus nicht nur in geschichtlicher Kontinuität, sondern er ist selbst nur ein Teil eines Übergangs in eine
Ära des kollektiven Individualismus, der zusammen
mit Milieukämpfen und dem Verschieben der globalen
Machtverhältnisse, die Zukunft prägen wird.

---

[31] Zuboff, Seite 596

[32] Zuboff, Seite 595

Der Gedanke diesen großen Kräften der Veränderung mit einigen Einschränkungen bei der Geschäftstätigkeit westlicher Technologiekonzernen begegnet werden kann, mutet interessant an, ist aber wenig zielführend, denn würde das dann nicht bedeuten, dass das Feld letztendlich Baidu, Tencent, Alibaba & Co überlassen wird, hinter denen oft die Autorität des chinesischen Staates steht? Eine wichtige Frage, die es zu diskutieren gilt:

Die dunklen Seiten des Verhaltenskapitalismus sind ein gigantisches Problem, doch überlassen wir den Markt nicht vielleicht viel gefährlicheren Kräften, wenn wir die westlichen Konzerne schwächen, während wir auf die östlichen keinen Einfluss ausüben können? Es bedarf daher eines umfassenden Lösungskonzeptes, wie wir es im Modell der Alternativen Hegemonie (AH-Modell) finden, welches an dieser Stelle aber nicht Thema sein soll.

Zum Ende hin

In dieser Schrift ging es letztendlich um:

1) Zwei grundsätzliche Deutungen der Entwicklung des Kapitalismus gegenüberzustellen

2) Einen Beitrag dazu zu leisten, dieses neue Phänomen beschreibbar zu machen und ihm eine vermittelbare Struktur zu geben

3) Eine Diskussionsgrundlage für die Chancen und Risiken der kapitalistischen Entwicklung zu schaffen

Shoshana Zubuff ist dabei eine herausragende Darstellung der negativen Seiten des Verhaltenskapitalismus gelungen. Eine wahre Pionierarbeit. Eine systematische Darstellung einer neuen Spielart des Kapitalismus war dabei wohl niemals ihr ureigenes Ziel, sondern nur ein Mittel zum Zweck, um der Warnung vor den Gefahren einer neuen Ära des kollektiven Individualismus Ausdruck zu verleihen.

Eine systematische Beschreibung und Einordnung, die als breite Diskussionsgrundlage dienen kann, bietet das Modell des Verhaltenskapitalismus.

Weiterführende Literatur:

- Herteux, A. (2019). **Behavioral Capitalism – A New Variety of Capitalism Gains Power and Influence. Journal of Applied Business and Economics,** https://doi.org/10.33423/jabe.v21i9.2688Herte

- Herteux, Andreas – **International Journal of Social Science and Economic Research (IJSSER):** BEHAVIOURAL CAPITALISM AND SURVEILLANCE CAPITALISM – A COMPARISON OF TWO

INTERPRETATIONS OF A DEVELOP-
MENT OF CAPITALISM, Volume 12/2019,
Page 7253-7268, published 12/2019, ISSN:
2455-8834

- Zuboff, Shoshana (2018). **Das Zeitalter des
  Überwachungskapitalismus.** Berlin, Campus Verlag. ISBN 9783593509303

- Herteux, Andreas, **Das Alternative Hegemonie Modell (AH-Modell): Die unsichtbare Hand der Erziehung zum Guten,**
  Erich von Werner Verlag, 25.11.2018, ISBN-
  13:        978-3981900644,   DOI
  10.5281/zenodo.1894403

- Herteux, Andreas, **Grundlagen gesellschaftlicher Entwicklungen im 21. Jahrhundert:
  Neue Erklärungsansätze zum Verständnis
  eines komplexen Zeitalters,** Erich von Werner Verlag, 01.08.2020, ISBN 978-3948621162

- Herteux, Andreas – **Homo stimulus: Grundlagen menschlicher Anpassung und Weiterentwicklung im Zeitalter des kollektiven Individualismus**, Erich von Werner Verlag ISBN-13: 978-3948621124, DOI 10.5281/zenodo.3666616

Fragen und Antworten

Das Modell des Verhaltenskapitalismus wurde bislang positiv aufgenommen und als Darstellungs- und Beschreibungsform nicht in Frage gestellt.

Rückfragen und Diskussionen entstanden primär aus dem Grund, weil es nicht normativ, sondern lediglich deskriptiv gestaltet ist.[33]

Es möchte Mechanismen darstellen sowie auf Herausforderungen und Möglichkeiten hinweisen. Während die ersten beiden Elemente wohlwollend und zustimmend betrachtet wurden, gab es doch Stimmen, die dem Verhaltenskapitalismus positive Seiten absprachen, die über den Profit des jeweiligen Anbieters

---

[33] Die beschreibende Darstellung war allerdings genau das Ziel: Sich einem neuen, oft fahrlässig ignoriertem, Phänomen stellen und dieses sachlich in seinen Mechanismen aufzeigen, um so eine Diskussion zu ermöglichen, die eine Seite nicht pauschal davon ausschließt.

hinausgehen. Dieser Punkt spielt daher in den ergänzenden Fragen eine wichtige Rolle:

Der Verhaltenskapitalismus hat doch ausschließlich negative Seiten und ist ein Produkt kapitalistischer Ausbeutung?

Der Verhaltenskapitalismus beinhaltet große Gefahren. Zu diesen gehören zweifellos die Möglichkeiten der Manipulation und Beherrschung. Diese werden durch die Konditionierung des Menschen auf kleine und schnelle Reize seit dem 2. Weltkrieg noch massiv verstärkt, weswegen wir heute von einem Homo stimulus sprechen.[34]

---

[34] Hierzu sei auf die Literaturempfehlungen verwiesen. Es handelt sich um eine Entwicklung, die durch Kapitalismus, gesellschaftliche Veränderungen und Politik Stück für Stück bedingt wurde, ohne sie anzustreben. Der Homo stimulus, der auf kurze und schnelle Reize konditionierte Mensch, ist letztendlich das Endprodukt.
Diese schnellere Reizreaktion ist in allen Milieus zu finden, da sie sowohl in der Arbeitswelt als auch im Privaten über Jahrzehnte etabliert und immer mehr gesteigert wurde.

Demokratie und Freiheit stehen daher ebenso auf dem Spiel. Diese Gefahren gilt es ganz klar zu benennen, zu diskutieren und ihnen entgegen zu wirken.

Trotzdem gibt es auch positive Seiten[35]. Diese sind in den Bereichen der Erkennung von Bedürfnissen und deren Befriedigung zu sehen, denn durch die Methoden des Verhaltenskapitalismus können sowohl bekannte als auch bisher verdeckte Bedürfnisse des Individuums identifiziert und befriedigt werden.

Nehmen wir ein Beispiel. Ein Nutzer wurde bislang durch ein direktes dörfliches Umfeld geprägt und ist

---

Möchte man auf ein Extrem verweisen, so sei eine einfache U-Bahn-Fahrt empfohlen und schlicht darauf zu achten, welchen Einfluss beispielsweise Smartphones auf das Leben vieler Menschen nehmen und zurückdenken, wie sich dieses vor 10 Jahren gestaltete. Mit einer derartigen Beobachtung fällt es vermutlich leichter, den Homo stimulus zu verstehen, als mit aller grauen Theorie.

[35] Die Standardargumentation der Technologiekonzerne, dass jeder Nutzer für das Abgreifen des Verhaltens bzw. der Daten mit Dienstleistungen belohnt wird, soll hier nicht weiter vertieft werden. Das Argument lässt sich sicher kontrovers diskutieren.

nie über dieses hinausgekommen. Damit ist er nicht wirklich zufrieden, aber seine Prägung kennt am Ende nur diese kleine Welt. Durch die Nutzung des Internets tritt er nun in die Welt der sozialen Medien ein. Hier verlinkt er sich mit ein einigen Personen, die längst aus dem Dorf weggezogen sind und betrachtet eines schönen Tages deren Urlaubsfotos. Die Orte gefallen ihm und er recherchiert mehr über eine Suchmaschine. Plötzlich werden ihm in dem sozialen Medium und auch in der Suchmaschine immer mehr Nachrichten oder Anzeigen angeboten, die das Thema Reisen in den Mittelpunkt stellen. Das Thema wird immer interessanter und je mehr er danach sucht, desto mehr wird er eingebettet. Inzwischen hat er sich viele Ziele und Angebote angesehen, Reiseführer bestellt und ist in einem Forum aktiv. Er agiert jetzt in einer eigenen Welt, in der eine neue Sehnsucht im Mittelpunkt steht, die durch die lernende Maschine befeuert wird. Er erkennt, dass seine bisherige Unzufriedenheit auch daher rührt, dass er gerne aus dem gewohnten

Umfeld ausbrechen und die Welt sehen wollte. Bisher fehlte ihm aber die Inspiration. Diese wird nun durch den verhaltenskapitalistischen Prozess herausgearbeitet, die ihm natürlich sogleich auch entsprechende Angebote zur Befriedigung macht. Im kommenden Jahr geht der Nutzer auf Weltreise.

Wurde er in diesem Beispiel manipuliert? Oder wurde nur einfach ein Wunsch herausgearbeitet, der bislang verschütt war, weil das eigene Umfeld ihn nicht mit dem Nutzer zusammen entwickeln konnte? Und ist es wirklich negativ, wenn dieses geschieht? Wie wir sehen, müssen wir daher wirklich sehr genau differenzieren.

Die positiven Seiten, die beschrieben werden, sind doch am Ende nur die Verführung zum Konsum, oder?

Bleiben wir beim konkreten Fall des kommenden Urlaubers. Es ist richtig, dass er auch konsumieren manch Verhaltenskapitalist davon profitieren wird. Doch, ist es Konsum was er möchte? Oder doch vielmehr eine Form der Selbstentfaltung?

Ist es nicht gerade das eigentliche Erfolgsmodell der großen Verhaltenskapitalisten, dass sie sich individuellen Wünschen anpassen und einen ungeahnten Beitrag zur persönlichen Selbstverwirklichung leisten? Ein einfacher Arbeiter hat nun die Chance im sozialen Medium Gehör zu finden. Sich zu zeigen. Die eigenen Interessen auszuleben. Vielleicht sogar ein Star zu sein. Wann zuvor war das je möglich? Was ist wirklich?

Geht es nicht auch um Entwicklungsmöglichkeiten? Letztendlich schafft der Verhaltenskapitalismus eine individualisierte Welt nach den Bedürfnissen des jeweiligen Nutzers und das hat erst einmal nichts mit materiellem Konsum wenig zu tun.

Wer die Debatte tatsächlich auf dieses einfach Erklärungsmodell des verführten Konsumenten ziehen möchte, hat die menschlichen Bedürfnisse und damit den Menschen nicht verstanden.

Zudem ist eine Gesamtschau unabdingbar, denn der Verhaltenskapitalismus steht nicht für sich allein, sondern ist nur ein Teil eines größeren Veränderungsprozesses.[36]

Kein denkender Mensch würde doch Freiheit und Demokratie gegen Bedürfniserkennung und Befriedigung austauschen?

Die Frage impliziert, dass Menschen eine homogene Masse darstellen, die alle dieselben Einstellungen und Lebensweisen teilen. Tatsächlich zerfallen die globalen Gesellschaften aber in zahlreiche Milieus, die teilweise völlig unterschiedliche Wertvorstellungen haben. Diese Milieuzersplitterung ist noch nicht abgeschlossen und wird sich fortsetzen.

---

[36] An dieser Stelle sei auf die Literatur verwiesen.

Das bedeutet aber auch, dass ein Teil dieser Lebens-wirklichkeiten keinerlei Probleme damit hätte, bei-spielsweise die eigene demokratische Mitbestimmung gegen eine garantierte Bedürfnisbefriedigung einzu-tauschen. So entsetzt manch Angehöriger des ein oder anderen Milieus diese Aussage auch betrachten mö-gen, so ändert das nichts an ihrem Wahrheitsgehalt.

Es gibt daher auch Profiteure des Systems und die sind nicht nur bei den Verhaltenskapitalisten zu suchen, sondern vor allem bei jenen, für die das, was in Gefahr zu scheinen scheint, weitaus weniger bis gar nichts wert ist, als für andere.

Wie will man dieses bekämpfen, wenn die einen die ganze Macht in der Hand haben und die Hälfte der anderen sich bestechen lässt?

Durch neue Ideen und Impulse wie dem Wertekapita-lismus [Wertemarktwirtschaf].

Der Wertekapitalismus: Das Modell der Alternativen Hegemonie (AH-Modell)

Eine Möglichkeit die Macht des Verhaltenskapitalismus demokratischer Kontrolle zu unterstellen wärde die Einführung eines Wertekapitalismus.

Um diesen zu erläutern, macht es Sinn, an dieser Stelle nicht zu abstrakt zu agieren, sondern sich ganz konkret an der aktuellen Situation zu orientieren. Im Moment beherrscht ein Virus die Welt. Vielleicht lässt sich der bisherige Verlauf des Jahres 2020 mit diesem kurzen Satz treffend zusammenfassen, denn seit dem das A-Virus H1N1, heute besser bekannt als „Spanische Grippe", zu Beginn des 20. Jahrhunderts gelang es keiner infektiösen organischen Struktur mehr, direkt oder indirekt, auf eine solch tiefgehende Art und Weise in das Leben so vieler einzugreifen.[37]

---

[37] Es soll an dieser Stelle nicht von Toten, die bei der Spanischen Grippe auf über 50 Millionen geschätzt werden, geredet werden, sondern von den Auswirkungen auf den

Sämtliche Systeme stehen nun vor einer extremen Belastungsprobe. Manche werden diese besser bestehen, andere wiederum zerrbrechen. Die Weltwirtschaft wird, soweit das im Moment bereits absehbar ist, im besten Fall leicht schrumpfen, in den schlimmsten Konstellationen stehen globale wirtschaftliche Verwerfungen bevor, die für weitaus größere Einschnitte sorgen können als die Finanzkrise 2008. Exakte Prognosen sind schwierig, klüger ist es an dieser Stelle mit Wahrscheinlichkeiten und Szenarien zu arbeiten.

Die Folgen der Pandemie sind allerdings nur ein Aspekt von vielen. Bereits vor dem Ausbruch war eine Zeit des Umbruches verifizierbar, in der es mannigfaltige, sich gegenseitig beeinflussende Entwicklungen gab. Diese können mit dem Begriff „Zeitenwandel"

Alltag. Nimmt man die reinen Opferzahlen wären hier beispielsweise auch die Asiatische Grippe (1957/68), die Hongkong-Grippe (1968-70) und andere zu nennen. Auch der HIV-Virus oder die Cholera haben sehr hohe Opferzahlen zu beklagen. Es bleibt zu hoffen, dass Covid-19 nicht einmal im Ansatz an die Anzahl der Toten dieser Pandemien herankommen wird.

zusammengefasst werden, unter dem man einen zeitlichen Abschnitt versteht, in dem sich dessen einzelne Elemente auf eine solche Art und Weise dynamisch gegenseitig beeinflussen, dass diese eine Neuordnung der bisherigen (globalen) Machtverhältnisse bewirken können. Diese Elemente wären:

- Der Umgang mit dem technologischen Fortschritt (z.B. Digitalisierung, Verhaltenskapitalismus,[3] Homo stimulus, Biotechnologie, KI, Optimierung des Menschen)

- Den Aufstieg neuer Konkurrenten auf den Weltmärkten (z.B. asiatische Staaten)

- Der Schwäche der westlichen Welt (z.B. durch Instabilität, Milieukämpfe, erodierende Milieus, schwindendes Vertrauen in bestehende Ordnungen, Verlust von Wettbewerbsfähigkeit oder den politischen Aufstieg Chinas/Asiens)

- Die Veränderung der Umweltbedingungen (z.B. durch Klimawandel, Pandemien, Ressourcenausbeutung oder Umweltzerstörung)

- Fehlende Perspektiven eines Teils der Menschheit (z.B. durch Überbevölkerung oder unbefriedigte Grund- und Sicherheitsbedürfnisse)

Covid-19 drängt die Wahrnehmung dieser Entwicklungen nun in den Hintergrund, was aber nichts daran ändert, dass sie auch weiter kontinuierlich ihre Wirkung entfalten werden. Eine Pandemie, die in dem Risikomodell bisher eine untergeordnete Rolle gespielt hat, wird an dieser Stelle zu einem starken Dynamisierungsfaktor. Sie ist ein Brandbeschleuniger, aber kein Auslöser. Die Welt befindet sich bereits in einem Zeitenwandel, er wird in der Folgezeit nur deutlicher hervortreten, bestehende Ordnungen und Systeme weiter destabilisieren und die Frage nach Möglichkeiten der Wiedergewinnung der Kontrolle oder gar nach Alternativen aufwerfen. Veränderungen sind daher unaufhaltsam, es stellt sich nur die Frage, ob wir aktiv gestalten oder passiv hinnehmen werden. Das Schiff befindet sich mitten im reißenden Fluss und es liegt an uns, ob wir das Steuer ergreifen oder uns treiben lassen.

Das Unabwendbare selbst gestalten

Die Corona-Pandemie ist daher keine Chance, denn bei einem solch einschneidenden Ereignis, verbietet es sich von einer Möglichkeit zu reden, wohl aber ein Anlass, der dazu führen sollte, die nun notleidenden Strukturen stärker, robuster und besser, aber auch demokratischer, sozialer freier und gerechter neu zu erschaffen. Keine Flickschusterei, sondern eine konsequente Evolution des bestehenden. Eine zum Besseren. Keine Träumerei von irgendwelchen Ideologien, die bereits in der Vergangenheit scheiterten, sondern eine pragmatische Korrektur der Schwächen zum Wohle der Menschheit.

Genau das könnte mit der Idee des Wertekapitalismus, hinter dem das Modell der Alternativen Hegemonie (AH-Modell) steckt, erreicht werden.

Der Wertekapitalismus

Was ist der Wertekapitalismus? **Der Wertekapitalismus ist eine Wirtschaftsordnung, in der Werte zu einem Produktionsfaktor werden.** Alternativ könnte man auch den Begriff „Wertemarktwirtschaft" nutzen. Dieser Wertekapitalismus benötigt keinen Nullpunkt, sondern wird, was ihn so pragmatisch macht, ganz einfach dem bestehenden kapitalistischen System aufgesetzt und wirkt als Korrektiv. Man könnte erneut das Bild eines Flusses bemühen, der in seiner natürlichen Form zerstörerisch alles hinfort schwemmen würde, aber durch geschickte Umleitung nutzbar und zum Segen der Menschen wurde. Die Wertemarktwirtschaft verlangt daher keine Abschaffung des Kapitalismus, das wäre auch unrealistisch, da hier mächtige Interessen aufeinandertreffen, sondern leitet dessen Wucht und auch dessen Gier so um, dass daraus Wohlstand und Freiheit für möglichst viele Menschen generiert wird.

Eingeführt wird der Wertekapitalismus mit Hilfe des Modells der Alternativen Hegemonie (AH-Modell). Das ist das Mittel zum Zweck.

Schlüssel Technologie

Der Schlüssel hierfür ist Technologie, genauer gesagt die zentralen Zukunftstechnologien:

- Maschinen für die Landwirtschaft

- Schiffbau und Meerestechnik

- Energieeinsparung und Elektromobilität

- Informations- und Kommunikationstechnologien der neuen Generation

- High-End gesteuerte Werkzeugmaschinensysteme und Robotertechnologie

- Elektrizitätsanlagen

- Anlagen für Luft- und Raumfahrttechnik

- neue Werkstoffe und Materialien

- moderne Anlagen für den Schienenverkehr

- Biomedizin und High-Performance Medizingeräte

Wer diese Technologien beherrscht, dominiert am Ende die Zukunft.[38]

Der AH-Fonds

Damit dieses geschieht, gilt es Markmacht zu erzeugen. Dafür investieren Staaten, die in ihren Ländern Mindeststandards, wie z.B. Meinungsfreiheit, Demokratie oder Rechtsstaatlichkeit garantieren in einen gemeinsamen AH-Fonds. Angedacht sind 2-3% des jeweiligen Bruttoinlandproduktes (BIP). Mit Kapital

---

[38] Mit „Made in China 2025" hat sich China das fast identische Ziel in besagten Kategorien gesetzt.

ausgestattet investiert der Fonds in die Schlüsseltechnologien. Das heißt, er schafft selbst Forschungsstruk-
turen, kauft auf dem Markt entsprechend zu bzw. auf
und kooperiert mit vorhandenen Einrichtungen und
Unternehmen. Ziel ist es eine entsprechende Marktmacht aufzubauen, denn der AH-Fonds ist Marktteil-
nehmer und keine staatliche Einrichtung. Er wird nach
der Struktur einer Aktiengesellschaft organisiert.
Trotzdem unterliegt der AH-Fonds demokratischer
Kontrolle. Seine Tätigkeit soll letztendlich dazu führen, dass die Rechte an zentralen Elementen der
Schlüsseltechnologien in der Hand des AH-Fonds liegen. Diese Rechte werden dann als Lizenzen an Unternehmen im Rahmen von Lizenzierungsverträgen
vergeben. Im Grunde genommen ein üblicher Vor-
gang. Der AH-Fonds nimmt dafür Lizenzgebühren
ein und erwirtschaftet so mittelfristig Gewinne, die einerseits reinvestiert werden aber auch in die Geberlän-
der zurückfließen können und so den Staatshaushalt

stabilisieren. Diese Umlenkung von Gewinnen, ist ein weiterer Nebeneffekt.

Werte als Produktionsfaktor

Das hat allerdings noch nichts mit Werten zu tun. Diese kommen aber dadurch ins Spiel, dass Lizenzen nur vergeben werden, wenn ein Unternehmen sich vertraglich verpflichtet gewisse Mindeststandards (z.B. Mindestlöhne, Arbeitsbedingungen) einzuhalten und die Erfüllung dieser Verpflichtung auch dauerhaft und transparent nachzuweisen.[39] Da die Marktmacht des AH-Fonds sehr stark sein wird, wird es für eine gewinnorientierte Unternehmung schwierig auf relevante Lizenzen zu verzichten.[40] Trotzdem werden die

---

[39] Die Werteklausel greifen nur zwischen Lizenznehmer und Lizenzgeber. Nicht bei dem Verkauf eines fertigen Produktes an beispielsweise den Endverbraucher.

[40] Die Lizenzierungen betreffen natürlich auch nicht alle Unternehmen gleichermaßen. Im Gegenteil ist ein großer Teil

Unternehmen aber keinesfalls zur Kooperation mit dem AH-Fonds gezwungen. Es ist ihre freie Entscheidung, ob sie die Lizenzen in Anspruch nehmen oder nicht. Die wirtschaftliche bzw. ökonomische Vernunft wird sie aber am Ende in vielen Fällen dazu bringen, die entsprechenden Vertragsklauseln zu akzeptieren.

Werte werden damit aber zu einem fundamentalen Element künftiger Produktion. Sie werden so zu einem Produktionsfaktor und das nicht, weil die Wirtschaft von ihnen überzeugt ist, sondern weil deren Einhaltung eine Gewinnmaximierung und Wettbewerbsvorteile verspricht. Der Fluss wird damit umgeleitet.

---

von ihnen – z.B. Restaurants – scheinbar erst einmal nicht betroffen. Trotzdem gibt es natürlich indirekte Effekte, die auch in diese Bereiche ausstrahlen werden. Man denke nur an Fachkräfte, die natürlich pragmatisch Firmen mit besseren Arbeitsbedingungen vorziehen würden. Oder an das Image.

Das Modell der Alternativen Hegemonie (AH-Modell)

Der Übergang zu einem Wertekapitalismus

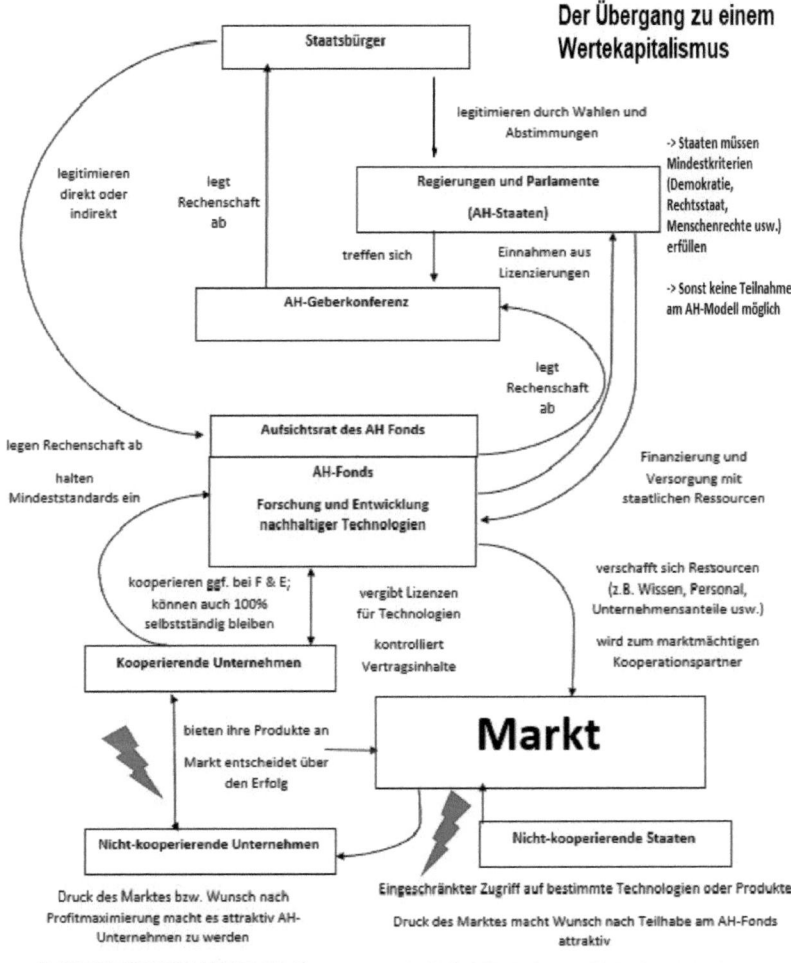

Staatsbürger

legitimieren durch Wahlen und Abstimmungen

legitimieren direkt oder indirekt

legt Rechenschaft ab

Regierungen und Parlamente (AH-Staaten)

treffen sich

Einnahmen aus Lizenzierungen

AH-Geberkonferenz

-> Staaten müssen Mindestkriterien (Demokratie, Rechtsstaat, Menschenrechte usw.) erfüllen

-> Sonst keine Teilnahme am AH-Modell möglich

legt Rechenschaft ab

Aufsichtsrat des AH Fonds

legen Rechenschaft ab

halten Mindeststandards ein

AH-Fonds

Forschung und Entwicklung nachhaltiger Technologien

Finanzierung und Versorgung mit staatlichen Ressourcen

kooperieren ggf. bei F & E; können auch 100% selbstständig bleiben

vergibt Lizenzen für Technologien

kontrolliert Vertragsinhalte

Kooperierende Unternehmen

verschafft sich Ressourcen (z.B. Wissen, Personal, Unternehmensanteile usw.)

wird zum marktmächtigen Kooperationspartner

bieten ihre Produkte an

Markt entscheidet über den Erfolg

Markt

Nicht-kooperierende Unternehmen

Nicht-kooperierende Staaten

Druck des Marktes bzw. Wunsch nach Profitmaximierung macht es attraktiv AH-Unternehmen zu werden

→ Schaffung von besseren Bedingungen für Arbeitnehmern
→ Am Markt setzt sich der durch, der diese Mindeststandards einhält

Eingeschränkter Zugriff auf bestimmte Technologien oder Produkte

Druck des Marktes macht Wunsch nach Teilhabe am AH-Fonds attraktiv

→ Dafür sind Einhaltung von Mindeststandards zwingend notwendig
→ Besserung des Lebens der Bürger
→ Abschaffung autoritärer Systeme

Unternehmen wie Staaten

Was für Unternehmen gilt, soll im Wertekapitalismus auch für Staaten gelten. Den Unternehmen dürfen gewisse Lizenzen nur bestimmten Staaten zur Verfügung gestellt werden. Ziel ist es auch hier, dass neuste Technologien an Mindeststandards bzw. der Entwicklung dorthin geknüpft werden sollen. Das Nichteinhalten könnte daher technologische Rückständigkeit bedeuten. Auch das ist keine neue Erfindung, den Beschränkungen für manche Produkte sind heute Alltag.

Begonnen soll allerdings mit den Unternehmen werden. Eine Ausdehnung auf Staaten ist natürlich erst nach einer Etablierung des Systems sinnvoll.

Wertemarktwirtschaft – das Korrektiv des Kapitalismus

Der Wertekapitalismus könnte daher, das große Korrektiv des bestehenden Systems sein, dass die Kräfte so umleiten, dass daraus Positives erwachsen kann. Er wäre zumindest ein Ansatz, der auf weitaus weniger Widerstand treffen würde als andere Ideen, denn er kennt letztendlich keinen Verlierer. Unternehmen machen weiter Gewinn. Vielleicht sogar mehr als je zuvor, da sie einen Wettbewerbsvorteil gegenüber Mitbewerber aus weniger wertefreundlichen Regionen haben. Staaten erhalten Strukturen und eine erhöhte Finanzkraft. Die Kooperationsbereitschaft erhöht sich und der AH-Fonds wird zu einem Teil der gemeinsamen Identität.

Oft wird an dieser Stelle noch die Frage gestellt, ob der Wertekapitalismus den Menschen selbst erziehen möchte? Nein, das möchte er nicht. Er korrigiert den Kapitalismus und tangiert mit dem Produktionsfaktor Werte primär Unternehmen und Staaten. Der Mensch profitiert aber natürlich indirekt und direkt. Einen Nachteil hat er nicht. Im Gegenteil profitiert er von mehr Freiheit, gesicherten Rechten, besseren Arbeitsbedingungen, einem stabilen Sozialstaat und noch so vieles mehr.

Wertemarktwirtschaft und Covid-19

Am Anfang standen aktuelle Ereignisse und deren Folgen, die bisher kaum absehbar sind. Im Wertekapitalismus würde nicht nur der Produktionsfaktor „Werte" existieren, sondern ein großer Teil der heute privatisierten Gewinne aus Lizenzierungen landet am Ende in den öffentlichen Kassen, die auf den Katastrophenfall und dessen Folgen – zumindest finanziell – besser vorbereitet wären. Morsche Sozialsysteme wären so ebenso reformierbar wie die Infrastruktur. Das bedeutet nicht, dass dieses unbedingt auf eine kluge Art und Weise geschehen würde, aber die grundsätzlichen Mittel wären vorhanden. Viele Ideen, wie beispielsweise ein früheres Renteneintrittsalter, eine bessere Versorgung, erhöhte Sozialleistungen oder kürzere Wochenarbeitszeiten wären so erstmals finanzierbar, wobei darauf hingewiesen werden soll, dass derartige Ideen nichts mehr mit dem Modell der Alternativen Hegemonie oder dem Wertekapitalismus zu tun haben. Es eröffnen sich lediglich neue Möglichkeiten.

Der Wertekapitalismus wäre daher der bessere Partner für alle Herausforderungen des Zeitenwandels. Gerade auch für den in dieser Monografie im Mittelpunkt stehenden Verhaltenskapitalismus.

Weiterführende Literatur:

- Herteux, Andreas, **Das Alternative Hegemonie Modell (AH-Modell): Die unsichtbare Hand der Erziehung zum Guten,** Erich von Werner Verlag, 25.11.2018, ISBN-13: 978-3981900644, DOI 10.5281/zenodo.1894403

- Herteux, Andreas, **Grundlagen gesellschaftlicher Entwicklungen im 21. Jahrhundert: Neue Erklärungsansätze zum Verständnis eines komplexen Zeitalters,** Erich von Werner Verlag, 01.08.2020, ISBN 978-3948621162

- Herteux, Andreas – **Homo stimulus: Grundlagen menschlicher Anpassung und Weiterentwicklung im Zeitalter des kollektiven Individualismus**, Erich von Werner Verlag ISBN-13: 978-3948621124, DOI 10.5281/zenodo.3666616

Glossar

Dieses Glossar fasst die zentralen Begriffe der vorliegenden Monografie noch einmal zusammen. Gleichzeitig nimmt es Definitionen auf, die für das vorliegende Werk nur eine begrenzte Relevanz haben, für die weitere Diskussion und Vertiefung, im Sinne einer Gesamtschau gesellschaftlicher Entwicklungen, aber eine wichtige Rolle spielen.

- ***Homo stimulus***

  Unter einem Homo stimulus versteht man eine derartig konditionierte Person, die an eine permanente Konfrontation mit hochfrequentierten, kurzen sowie künstlichen Reizen gewöhnt ist und sich ihnen kaum oder nur teilweise entziehen kann oder will. Im Gegenteil werden bestimmte Reize oft selbst eingefordert oder ein entsprechender Reizdialog angestoßen.

- ***Moderne Reizgesellschaft***

  Unter einer modernen Reizgesellschaft versteht man einen Zusammenschluss von Individuen, der in starker Frequenz beeinflussenden, in der Regel künstlich erzeugten Reizen ausgesetzt ist und sich diesen nur schwer oder nicht entziehen kann bzw. das zum Teil auch nicht möchte.

- ***Kollektiver Individualismus***

  Unter einem kollektiven Individualismus wird ein Individualismus verstanden, bei dem das Individuum so eingebettet wird, dass die individuelle Selbstentfaltung innerhalb eines nicht oder kaum sichtbaren Rahmens stattfinden kann. Der kollektive Individualismus ist zugleich die Bezeichnung einer Zeitperiode.

- ***Milieukampf***

  Milieukampf bedeutet, dass sich zwischen den Lebenswirklichkeiten (Milieus) einer Gesellschaft (oder mehrerer Gesellschaften) Konflikte ergeben, die aktiv oder passiv ausgetragen werden.

- **_Milieukonflikt_**

  Dem Milieukampf gehen stets Milieukonflikte voraus.

  Milieukonflikte sind Konflikte, die dann begründet werden, wenn die Bedürfnisse der Milieubildenden teilweise oder gänzlich unerfüllt bleiben bzw. das Selbstverständnis der Lebenswirklichkeit attackiert wird.

- **_Identifikationsdissonanz_**

  Die Theorie der modernen Identifikationsdissonanz, die voraussetzt, dass die Erosion der Lebenswirklichkeiten sich dynamisiert hat und die Möglichkeiten der Selbstentfaltung sich potenziert haben, besagt, dass es zunehmend Konflikte des Einzelnen bezüglich der eigenen Rolle als Teil eines Milieus und des persönlichen Individualisierungs- und Einbettungsprozesses geben kann und diese langfristig Einfluss auf die gesellschaftlichen Entwicklungen und Strukturen nehmen werden.

- ***Verhaltenskapitalismus***

  Unter Verhaltenskapitalismus versteht man eine Spielart des Kapitalismus, in der menschliches Verhalten zum zentralen Faktor für die Produktion und Bereitstellung von Gütern und Dienstleistungen wird.

- ***Wertekapitalismus***

  Der Wertekapitalismus [die Wertemarktwirtschaft] ist eine Wirtschaftsordnung, in der Werte zu einem Produktionsfaktor werden.

- ***Zeitenwandel***

  Unter einem Zeitenwandel versteht man einen zeitlichen Abschnitt, in dem sich dessen einzelne Elemente auf eine solche Art und Weise dynamisch gegenseitig beeinflussen, dass diese eine Neuordnung der bisherigen (globalen) Machtverhältnisse bewirken können.

  Diese Elemente sind:

1.) Umgang mit dem technologischen Fortschritt (z. B. Digitalisierung, Verhaltenskapitalismus, Homo stimulus, Biotechnologie, KI, Optimierung des Menschen)

2.) Aufstieg neuer Konkurrenten auf den
Weltmärkten (z. B. asiatische Staaten)

3.) Schwäche der westlichen Welt (z. B. durch
Instabilität, schwindendes Vertrauen in
bestehende Ordnungen, Verlust von
Wettbewerbsfähigkeit oder durch den politischen Aufstieg Chinas)

4.) Veränderung der Umweltbedingungen
(z. B. durch Klimawandel, Pandemien,
Ressourcenausbeutung oder Umweltzerstörung)

5.) Fehlen von Perspektiven bei einem Teil
der Menschheit (z. B. durch Überbevölkerung oder unbefriedigte Grund- und Sicherheitsbedürfnisse)

Verlag

Erich von Werner Verlag

Birkenfelder Straße 3

D-97842 Karbach

Homepage:

https://www.erichvonwerner-
verlag.de/

E-Mail:

Info@erichvonwernerverlag.de

Mitherausgeber

Erich von Werner Gesellschaft

Birkenfelder Straße 3

D-97842 Karbach

Homepage:

https://www.understandand-
change.com

E-Mail:

erichvonwernersociety@understandandchange.com

Über den Autor

Andreas Herteux

Andreas Herteux ist ein deutscher Wirtschaftswissen-
schaftler, Sozialforscher, Phi-
losoph, Publizist, Schriftsteller
und Gründer der Erich von
Werner Gesellschaft. Seine Bücher wurden in zehn Spra-
chen übersetzt.

Werke (Auszug):

- Grundlagen der Weltenphilosophie. Franzius
  Verlag, 20.07.2015, ISBN-13: 978-3945509029

- Identitätsorientierte Führung einer politischen
  Marke: In der Theorie und am praktischen Bei-
  spiel der Freien Demokratischen Partei (FDP).
  AV Akademikerverlag, 16. November 2013,
  ISBN-13: 978-3639490480

- Das Alternative Hegemonie Modell (AH-Modell): Die unsichtbare Hand der Erziehung zum

Guten. Erich von Werner Verlag, 25.11.2018, ISBN-13: 978-3981900644, DOI 10.5281/zenodo.1894403

- Erste Grundlagen des Verhaltenskapitalismus: Bestandsaufnahme einer neuen Spielart des Kapitalismus Erich von Werner Verlag, 25.09.2019, ISBN-13: 978-3981900651, DOI 10.5281/zenodo.3469587

- Grundlagen gesellschaftlicher Entwicklungen im 21. Jahrhundert: Neue Erklärungsansätze zum Verständnis eines komplexen Zeitalters, Erich von Werner Verlag, 01.08.2020, ISBN 978-3948621162

- Homo stimulus: Grundlagen menschlicher Anpassung und Weiterentwicklung im Zeitalter des kollektiven Individualismus. Erich von Werner Verlag, 12. Februar 2020, ISBN-13: 978-3948621124, DOI 10.5281/zenodo.3666616